논어로 일의 이치를 풀다

논어로 일의 이치를 풀다

이한우 지음

사리분별, 나를 다스리는 게 먼저다

처음을 삼가고 끝도 삼가라

말의 유려함이 아닌 행동의 마땅함을 보라

려더의 혼매함을 경계하라

사람의 일에 있어 그 출발점은 효다

부끄러움을 알고 구차하지 않게 살라

그저 가진 것을 잃지 않으려 비루하게 살 것인가?

사람 사이에는 지켜야 할 것이 있다

리더는 일을 통해 사람을 볼 줄 알아야 한다

위를 범하려는 마음은 비례, 무례, 걸례의 뿌리다

어떻게 일을 다스릴 것인가?

사람 사이에 가고 오는 것을 중요히 여겨라

자랑을 하는 사람일수록 몸을 낮추어라

큰 공로를 세울수록 몸을 낮추어라

일과 사람을 동시에 얻는 법

육친고아를 맡길 만한 사람을 골라라

항을 얻는 눈은 사리분별의 첫길음이다

설익은 곧음이 오히려 화를 부른다

직언에도 비결이 있다

신뢰를 얻지 못한 간언은 비방이다

뛰어난 리더도 간교한 부하들에게 속아 넘어갈 수 있다

상도 너머에 권도가 있다

곧음은 난세를 잘 살아내는 일의 이치다

팔로워가 명심해야 할 일의 태도

해냄

리더와 팔로워가 일하는 법을 일러주는 책, 『논어』

누가 필자에게 『논어(論語)』의 가르침을 한마디로 요약하라고 하면 이렇게 답할 수 있다.

"일의 이치[事理]에 따라 일을 하고 일의 이치에 따라 사람을 잘 가려서 마침내 그 일을 성공으로 이끄는 법을 말해 주는 책이다."

주희의 주자학이 조선 성종 때부터 이 땅의 사상계를 지배하기 시작한 이래 우리는 본래의 유학, 즉 공자의 가르침을 잊은 지 너무도 오래다. 지금도 다를 바 없다. 그러면 누군가는 "공자의 가르침이나 주희의 가르침이나 뭐가 다른가?"라고 물을 수 있겠다. 그것에 대해서는 이렇게 답할 수 있겠다.

"공자는 위아래 사람이 함께 이치에 따라 일을 하는 법을 가르치려 한 사람이라면 주희는 초지일관 아랫사람의 입장에서 윗사람을 말로 공격하는 법을 가르치려 한 사람이다."

그러다 보니 기존의 주자학이 곧 유학인 줄 알고서 알게 모르게 주자학에 젖어 있는 사람들은 아마도 이 책의 제목을 보고서 '공자가 일하는 법을 가르쳐준다고?'라며 의아해할 것이다. 그렇다. 그것을 모른다면 공자의 가르침의 핵심으로 나아갈 수 없다. 게다가 주희에 의해 깎여나가고 덧칠된 사이비 유학에 젖어 있는 사람들은 실은 '일[事]'을 향해 나아가는 길 자체를 방해할 뿐이다. 오늘날 유학이라는 이름으로 강단에서 학생들을 가르치고 있는 사람들이 바로 그들이다.

정리하자면, 공자는 일에 주안점을 두었고 주희는 말에 주안점을 두었다. 그래서 두 사람의 언어 사용 능력을 엄밀히 비교해 보면 공자는 실상을 중시한 반면 주희는 명분에 초점을 맞췄다. 그래서 공자의 언어는 일을 하는 언어이고 주희의 언어는 임금을 공격하는 언어다. 지금 강단의 속유(俗儒)들은 아마도 이런 차이조차 모를 것이다.

우리 학계의 주자학 일변도는 순자(荀子)보다는 맹자(孟子)를 중시해 온 데서도 쉽게 확인할 수 있다. 두 사람은 간단히 말하면 성악설(性惡說)과 성선설(性善說)로 맞서온 것 정도로 우리에게는 인식되고 있다. 중국에서는 송나라 이전까지 『맹자』는 존재조차 미미했던 반면 『순자』는 일관되게 공자의 현실주의 일 중심 사고를 잘 구현한 책으로 존중받아 왔다. 반면에 조선은 중기 이후 주자학의 나라로 전락하면서 『맹자』는 필독서인 반면 『순자』는 사실상 금서 취급을 받았다. 웃기는 일이다.

 그러면 필자는 이 같은 공자의 일 중심 사고를 『논어』에서 어떻게 재발견하게 된 것일까? 그 실마리는 예(禮)라는 말에 있다. 우리는 예라고 하면 예절이나 가례(家禮) 정도만 생각한다. 이 또한 주희가 『주문공가례(朱文公家禮)』를 만들어 예의 범위를 확 좁혀놓은 때문일 뿐 공자가 생각했던 예는 결코 그렇지 않다. 필자도 처음에는 다른 사람들과 마찬가지로 주자학의 영향권에 있는지 자각도 하지 못한 채 그 영향을 받고 있었으므로 그냥 예절이나 가례 정도로만 받아들였다. 문제는 그렇게 생각하다 보니 번역을 하는 과정에서 무슨 말인지 이해가 되지 않았다. 아마 필자도 그냥 독서 수준에서『논어』를 한 번 읽고 마는 수준이었다면 이런 실상을 알아차리지 못했을 것이다. 이는 설명보다는『논어』속 내용을 실례로 들어보면 훨씬 쉽게 알 수 있다.

 '학이(學而) 편'에서 똑똑한 제자 자공(子貢)이 "가난하면서도 아첨하지 않는 사람과 부유하면서도 교만하지 않은 사람은 어떠합니까?"라고 물었다. 사실 가난하면 비굴해져서 아첨하기 쉽고 부유하면 남을 깔보게 돼 교만해지기 쉽다. 그런데 아첨을 하지 않거나 교만하지 않은 사람은 괜찮지 않은가라고 물은 것이다. 이에 대한 공자의 대답이다.

 "그것도 좋다. 그러나 가난하면서도 (도리를) 즐길 줄 아는 사람이나 부유하면서도 예를 좋아하는[好禮] 사람에는 비할 바가 못 된다."
　　　　　　　　　　호례

이때 호례(好禮)의 예가 우리가 흔히 말하는 예법의 예일까 일의 이치, 즉 사리(事理)일까? 엄밀히 말하면 이 사례에서는 두 가지 다 가능한 듯이 보인다. 왜냐하면 예법으로서의 예는 일의 이치, 즉 사리로서의 예의 특정한 경우에 속하기 때문이다. 그런데 범위가 넓어질 경우 예법의 예로서는 전혀 설명할 수 없는 사례들이 수도 없이 많다. 그중 대표적인 예를 살펴보자.

'태백(泰伯) 편'에서 공자는 이렇게 말했다.

"공손하되 예가 없으면[無禮] 수고롭고, 삼가되 예가 없으면 두렵
　　　　　　　　　무례
고, 용맹하되 예가 없으면 위아래 없이 문란해질 수 있고, 곧되 예가 없으면 강퍅해진다. 임금이 친족들에게 돈독히 하면 곧 백성들 사이에서 어진 마음과 행동이 자연스레 생겨나고, 또 (새로 등극한) 임금이 옛 친구, 즉 선왕의 옛 신하들을 버리지 않으면 백성들은 구차한 짓을 하지 않는다[不偸=不苟]."
　　　　　　　　　　　　　불투　　불구

여기서는 예가 일의 이치[事理]를 뜻하는 것이 보다 분명해진다.
　　　　　　　　　　　　사리
즉 사리에 맞지 않게 무조건 공손하게만 하려고 하면 몸만 힘들어진다는 뜻이다. 우리가 흔히 말하는 과공비례(過恭非禮)가 그것이다. 조심조심 삼가는 것은 나쁘지 않지만 무조건 조심하고 삼가다 보면 남들이 볼 때 비굴해 보이고 벌벌 떠는 것으로 오인하게 된다. 일의

이치에 맞게 정도껏 삼가면 되는 것이다. 용맹이나 곧음[直] 또한 마

^직

찬가지다.

　이 점은 더 이상 논증이 필요 없을 만큼 분명하다. 그래서 이렇게 정리할 수 있다. 『논어』에서 위례(爲禮)나 행례(行禮)라고 하면 대체로 예법을 행하는 것인 반면에 지례(知禮)라고 하면 99퍼센트는 사리를 안다는 말이다. 1퍼센트는 '옛날의 예법을 안다'는 뜻으로도 쓰일 수 있기 때문에 남겨놓았다. 여기에도 당연히 주희식 예법과 공자식 지례는 차이가 난다. 지례는 예법을 포함하지만 예법은 지례해야 할 예 중의 한 가지 격식일 뿐이기 때문이다.

　그러면 예가 일의 이치[事理]라고 했으니 이제 일[事]이란 무엇인

^{사리}　　　　　　　　　　　　　　　　　　　　^사

지를 명확히 해야 한다. 사(事)는 일이라는 명사도 되지만 일을 한다는 동사도 된다. '학이 편'에는 제후국을 다스릴 때라도 경사이신(敬事而信)해야 한다는 공자의 말이 나온다. 경(敬)과 사(事)의 정확한 의미를 모르는 한학자 또는 동양 철학자들이 해놓은 번역을 살펴보자. 먼저 유명한 어떤 한학자의 번역이다.

　일을 공경하고 미덥게 하며

　우선 여기서 동사로 옮겨야 할 사(事)를 명사로 옮기고 부사적으로 옮겨야 할 경(敬)을 동사로 옮겼다. 자, 묻겠다. '일을 공경한다'는 것은 무슨 뜻인가? 도대체 뭘 어떻게 하는 것이 일을 공경하는 것인

가? 또 모호하게 신(信)을 '미덥게 하며'라고 옮겨놓았다. 누가도 없고 무엇도 없다. 군이 말하면 일을 미덥게 하라는 뜻이 되겠다.

결론부터 보자. '(전차 1만 대를 거느리는 천자는 말할 것도 없고) 전차 1천 대를 거느리는 제후라 하더라도 일을 할 때는 삼가는 자세로 함으로써 (백성들에게) 믿음을 심어주어야 한다'는 말이다. 즉 이는 리더가 아랫사람들에게 신뢰를 얻는 방법을 제시한 대단히 중요한 발언이다. 그것은 다름 아닌 경사(敬事), 즉 일에 임할 때 시작부터 끝까지 삼가고 조심하는 태도를 잃지 않아 잘 완성 혹은 성공시킴으로써 아랫사람들의 신뢰를 받도록 하라는 것이다. 그러려면 마땅히 일을 이치에 맞게 해야 한다. 공자가 예(禮), 예(禮) 했던 것도 바로 일과 직결된 것이다. 일을 그르치는 것은 사사로운 인간관계나 위아래의 힘의 관계 혹은 윗사람의 부질없는 욕망이다. 이런 것을 벗어나 마땅하고 공적이며 일 자체에 맞는 이치에 따라 일을 처리하는 것이 바로 사리이자 예다.

이는 지금이라고 다르지 않다. 앞서 자공이 던졌던 질문을 갖고서 다시 물어보겠다.

"겸손한 사람이 일을 성공시키겠는가? 교만한 사람이 일을 성공시키겠는가?"

당연히 전자다. 그렇기 때문에 겸손은 곧 사리이자 예가 되는 것이고 교만은 일의 이치와는 무관하게 힘[力]과 지위와 재력을 내세우려는 것이니 일의 이치에 맞지 않는 것이다[非禮].

경사이신(敬事而信)에 대한 또 하나의 그릇된 번역을 소개한다. 국내에 번역된 중국 학자의 논어 풀이는 이 부분을 이렇게 옮기고 있다.

일을 경건하게 처리하고 신용이 있으며

경사(敬事) 부분은 그나마 엇비슷하게 옮긴 듯하지만 여전히 그것
이 아랫사람들로부터 신뢰를 얻어내는 길임을 모르고 옮긴 것이다.
게다가 경(敬)을 '경건하게'라고 한 것은 글쎄다. 오히려 그 책의 풀이
부분에 있는 말, 즉 "자기가 맡은 일에 충실하고 최선을 다한다"는
것이 실상에 근접해 있다. 나머지 책들의 오역은 너무도 심해 굳이
언급할 가치를 못 느낀다.

『주역(周易)』을 풀이한 자신의 '계사전(繫辭傳)'에서 공자는 일[物
=事]의 관점에서 인간 세계의 문제를 다루고 있다.

乾以易知 坤以簡能
건 이이 지 곤 이간 능

하늘과 땅의 변화 양상을 살펴 이를 통해 인간사에 지침을 주고
자 하는 것이 『주역』이라고 할 때 이 구절은 일종의 강령(綱領)과도
같은 구절이다. 그런데 '일의 관점'을 놓쳐버린 국내외 『주역』 해설서
들은 대부분 이 구절의 의미조차 파악하지 못한다. 대만 총통의 국
사(國師)를 지냈다는 남회근(南懷瑾)이라는 사람은 이 구절을 다음
과 같이 번역하고 있다.

건으로써 형이상적 역을 알고 곤으로써 그 작용을 간명히 한다.

지(知)가 '알다'가 아니라 지사(知事)라고 할 때의 '주관하다'임을 알지 못한 것이다. 그러고는 이렇게 풀이한다. 국내 필자의 책들에도 이와 비슷한 엉터리 풀이들이 많으니 그가 이 구절을 어떻게 풀이했는지를 잠깐만 살펴보자.

이 구절에서의 역(易) 자는 『역경(易經)』의 역(易) 자와 같습니다. 이것은 우주 전체를 포괄하는 것입니다. 여러분이 『역경』의 역 자를 이해한다면 위로는 천문을 알고 아래로는 지리를 알며 이 우주가 어떻게 해서 발생했는지를 알 수 있을 것입니다.

곤이란 무엇일까요? 곤은 물질세계의 모든 작용을 대표합니다. 그 작용은 매우 간단합니다. 우리는 공자의 상기 두 구절로부터 하나의 결론을 도출할 수 있습니다. 즉 세상에서 제일 깊은 학문이 제일 평범하며 제일 평범해야만 비로소 제일 깊을 수 있다는 것입니다.

여러분이 부처나 하나님을 섬길 때면 이분들이 높고도 깊으며 또 공경스럽다고 생각하는데 그렇게 생각하면 영원히 이분들을 이해할 수 없습니다. 저는 부처를 섬기는 사람들에게 이런 말을 합니다. 당신이 섬기는 부처는 당신이 상상하는 것이지 원래의 부처가 아니라고요.

일단 무슨 말인지 모르겠지만 단언하건대 『주역』을 다 이해했다고 해서 "위로는 천문을 알고 아래로는 지리를 알며 이 우주가 어떻게 해서 발생했는지를 알 수 있"는 일은 불가능하다. 그저 인간사의 이치에 대해 조금 알게 될 뿐이다. 따라서 그 후의 이야기는 읽을 필요도 없는 '개똥철학'인데 이런 개똥철학이 나오게 된 것은 다름 아닌 황당한 오역에서 비롯된 것이다. 이 문제를 서두에서 이렇게 깊게 파고드는 이유는 국내 해설서들도 대부분 이 같은 오역을 갖고서 자신의 개똥철학을 풀어놓고 있기 때문이다. 우리 길로 돌아가자.

건은 평이함[易]으로 (일을) 주관하고[知] 곤은 간결함[簡]으로 능히 (일을) 해낸다[能].

당연히 여기서 건(乾)은 임금, 곤(坤)은 신하다. 임금과 신하의 일하는 방식을 말한 것이다. 당연히 핵심어는 평이함[易]과 간결함[簡]이다. 임금은 명을 내리고 신하는 그 명을 수행한다. 그러니 '평이함으로' 명을 내리고 '간결함으로' 그 명을 수행한다는 말이다. 그래서 이를 평이함과 간결함의 짝으로 공자는 이렇게 말한다.

평이하면 알기 쉽고 간결하면 (아랫사람들이) 따르기 쉽다[易從]. 알기 쉬우면 제 몸처럼 여기는 사람들이 있게 되고[有親] 따르기 쉬우면 성과가 있게 된다[有功]. 제 몸처럼 여기는 사람들이 있으면 오래 지속할 수 있고[可久] 성과가 있게 되면 (일을) 크게 할 수 있다[可大]. 오래 할 수 있으면 (그것이 바로) 뛰어난 이의 다움[賢人之德]이고 크게 할 수 있으면 (그것이 바로) 뛰어난 이의 공적[業]이다.

그리고 공자는 말했다.

　헤아림[數]을 지극히 해 앞으로 다가올 것을 알아내는 것[知來]을
점(占)이라고 하고 달라짐을 통하게 하는 것[通變]을 일[事]이라고
한다.

　앞으로 다가올 것을 알아내지 못하고서는 상황의 달라짐을 통하
게 하는 것은 사실상 어렵다. 즉 그 달라지는 원리에 정통할 때라야
일을 잘해낼 수 있다는 말이다. 그 달라지는 원리를 찾아낼 수 있는
인간학적 기반이 다름 아닌 사리로서의 예인 것이다.

　지자(知者)란 이 같은 사리를 아는[知禮] 사람이며 불혹(不惑)하
는 사람이며 눈 밝은 사람[明者]이다. 우리는 어이없게도 지(知)는
지식, 지(智)는 지혜라는 식의 구분법 정도에 머물고 있다. 사리를 아
는 자는 지자(智者)이자 지자(知者)다. 지(知)와 지(智)는 같은 뜻을
갖는다. 역사 속의 사례를 통해 사리를 안다는 것의 의미를 만나보
자. 먼저 반고(班固)의 『한서(漢書)』다.

　한나라 (고제 12년, 기원전 195년) 고제(高帝-유방)의 병환이 심해
지자 여후(呂后-부인)가 물었다.
　"폐하의 백세(百歲) 뒤에[1] 소(蕭) 상국(相國)[2]마저 죽고 나면 누구
로 하여금 그 일을 대신하게 할까요?"

14

상이 말했다.

"조참(曹參)이 가능할 것이오."

그다음으로는 누가 있냐고 물었다.

"왕릉(王陵)이면 할 수 있을 것이오. 다만 그는 조금 고지식하고
[戇] 모자라니 진평(陳平)이 도울 수 있을 것이오. 진평의 지략[智]은
      당   지
남들보다 나음이 있지만 혼자서 일을 다 맡기에는 어렵소. 주발(周
勃)은 중후하면서도 학식[文]이 조금 부족하긴 하지만 우리 유씨(劉
                       문
氏) 집안을 안전하게 해줄 사람은 반드시 주발일 것이오. 따라서 그
를 태위(太衛)로 삼도록 하면 될 것이오."

여후가 그다음으로는 누가 있냐고 다시 물었다. 이에 상이 말했다.

"그 이후는 진실로 그대가 알 바가 아니오."

고황후(高皇后) 원년(기원전 187년) 태후가 (자신의 친척들인) 여러
여씨(呂氏)를 왕으로 세우고자 신하들에게 논의를 시키니 우승상 왕
릉이 말했다.

"고제께서는 백마를 죽여 맹세하며 말씀하셨습니다. '유씨가 아니
면서 왕이 되면 천하는 힘을 모아 이를 쳐야 한다.' 지금 여씨를 왕으
로 삼으시려는 것은 애초에 약속된 바가 아닙니다."

태후는 불쾌해하면서 (좌승상) 진평과 (태위) 주발에게 물었더니 두

---

1) 황제에게 죽음이라는 말을 쓰지 않기 위해 이렇게 말한 것이다.

2) 소(蕭)는 소하(蕭何)를 이르며, 상국(相國)은 재상을 뜻한다.

사람은 가능하다고 대답했다. 이에 태후는 기뻐하면서 조회를 파했다. 그리고 나서 왕릉이 진평과 주발을 꾸짖으며[讓] 이렇게 말했다.

"애초에 고제와 더불어 삽혈(歃血-짐승의 피로 서약함)하며 맹세했건만 그대들은 그 자리에 없었던가? 지금 여씨를 왕으로 삼으려 하는데 무슨 면목으로 지하에 계신 고제를 뵈올 것인가?"

진평이 말했다.

"면전에서 (윗사람의 뜻을) 꺾고 조정에서 간쟁하는 것은 저희[臣][3]가 그대만 못하겠지만 사직을 온전하게 지키고 유씨의 후예들을 보호하는 일에서는 그대 또한 저희만 못하다 하겠습니다."

왕릉은 이에 더 이상 응답할 수가 없었다. 곧 태후는 왕릉을 태부(太傅-황제의 스승이기는 하지만 실권은 없다)로 삼아 사실상 재상으로서의 권력을 빼앗았고 왕릉은 결국 병을 이유로 면직되어 (그의 봉지 하북성 안국현으로) 돌아갔다.

훗날 실제로 진평과 주발은 힘을 합쳐 여러 여씨들을 주살하고 대왕(代王)을 모셔와 천자로 삼아 한나라를 안정시켰다. 그래서 송나라 학자 진덕수(眞德秀)는 『대학연의(大學衍義)』에서 왕릉과 진평을 대비시켜 이렇게 짧게 말했다.

---

3) 한나라 초에는 전국시대의 관습을 이어받아 자기보다 신분이 높은 재상에게 말할 때 스스로 신(臣)이라고 칭하기도 했다.

왕릉이 여러 여씨들이 왕이 되는 것에 대해 간쟁한 것은 고지식하고 어리석었다[戇]고 하겠고 진평이 간쟁하지 않고 그것을 받아들여준 것은 사리를 알았다[智]고 하겠습니다.

아마도 주자학자들이라면 왕릉을 곧은 신하[直臣]라 하고 진평을 굽은 신하[枉臣]라고 했을 것이다. 이처럼 주자학과 공자학은 역사와 그 인물들을 보는 데 있어서도 전혀 다르다.

사리를 아는 사람이라면 때를 기다릴 줄도 알고 일시적인 굴욕을 참을 줄도 안다[忍辱]. 더불어 때가 왔을 때는 망설이지 않고 행동에 나설 줄도 알고 일단 일을 시작하면 반드시 좋은 결과를 만들어낸다. 충분치는 않겠지만 이 책에서 우리는 『논어』와 역사적 사례를 교차시켜 가면서 이런 다양한 인물들을 만나볼 것이다. 이를 통해 일의 이치[事理＝禮]를 분별하는 힘을 기르는 데 조금이라도 도움이 되기를 바란다.

이제 감사의 인사를 드려야 한다. 《월간조선》 김성동 편집장과 배진영 기자에게 무엇보다 큰 감사를 전한다. 2016년 2월 《조선일보》를 그만두고 새로운 길을 모색하려 할 때부터 《월간조선》은 필자에게 글을 쓸 수 있는 소중한 기회를 제공했다. 월간지에 기고한 그대로는 아니지만 그 작업이 없었다면 이처럼 사리분별에 관한 책이 모양을 갖추기는 힘들었을 것이다. 아끼는 후배 배진영 기자는 매달 원고를 보낼 때마다 날카로운 평가와 격려를 아끼지 않았다. 정말 감사드린다.

《조선일보》를 그만둔 후에 내가 가장 공을 들이고 있는 논어등반학교 대원들께도 이 자리를 빌려 감사드린다. 교장이라는 이름으로 이끌고 있지만 늘 부족한 이 사람을 믿고서 고전의 세계를 파고들고 있는 등반학교 대원들을 보면서 실은 내가 배우고 힘을 얻는다.

가장 오래 몸담았고 만족스러운 언론 생활을 할 수 있게 해준《조선일보》방상훈 사장님께 깊이 감사드리며, 그 후 저술가의 길을 걷도록 격려하고 물심양면으로 지원을 아끼지 않으시는 구자열 LS 그룹 회장님께도 마음에서 우러나는 고마움을 전한다.

당연히 가족들에게 감사드리고 양가 어머님께 깊이 감사드리며 또 늘 내 마음의 스승이신 이기상 선생님과 고(故) 김충렬 선생님께도 고마움을 전한다.

끝으로 내 글쓰기의 든든한 후원자 해냄출판사 송영석 대표와 이혜진 주간과 편집부에도 감사의 인사를 전한다.

2021년 4월 상도동 보심서실(普心書室)에서
탄주(灘舟) 이한우(李翰雨) 삼가 쓰다

차례

2장 사람 사이에는 지켜야 할 것이 있다

시리분별 나를 다스리는 게 먼저다

처음을 삼가고 끝도 삼가라

말의 유려함이 아닌 행동의 마땅함을 보라

리더의 혼매함을 경계하라

사람의 일에 있어 그 출발점은 효다

부끄러움을 알고 구차하지 않게 살라

그저 가진 것을 잃지 않으려 비루하게 살 것인가?

사람 사이에는 지켜야 할 것이 있다

리더는 일을 통해 사람을 볼 줄 알아야 한다

'위'를 범하려는 마음은 비례, 무례, 결례의 뿌리다

어떻게 일을 다스릴 것인가?

사람 사이에 가고 오는 것을 중요히 여기라

자랑을 하는 것은, 재자는 것을 낮추어라

큰 공로를 세울수록 몸을 낮추어라

일과 사람을 동시에 얻는 법

육척 고아를 맡길 만한 사람을 골라라

힘을 읽는 눈은 사리분별의 첫걸음이다

설익은 곧음이 오히려 화를 부른다

직언에도 비결이 있다

신뢰를 얻지 못한 간언은 비방이다

뛰어난 리더도 간교한 부하들에게 속아 넘어갈 수 있다

상도 너머에 권도가 있다

곧음은 난세를 잘 살아내는 일의 이치다

팔로워가 명심해야 할 일의 태도

I장
사리분별, 나를 다스리는 게 먼저다

처음을 삼가고 끝도 삼가라

일과 그 이치를 알아서 역사의 물줄기를 바꾼 한명회

처음에는 부지런하다가도 뒤에 가서는 나태해지는 것이 인지상정 (人之常情)이니 바라건대 그 끝을 삼가기를 처음과 같이 하소서.

평범해 보이면서도 깊은 통찰을 담은 이 멋진 말은 뜻밖에도 1487년(성종 18년) 11월 14일 73세를 일기로 세상을 떠난 풍운아 한 명회(韓明澮)가 자신이 임금으로 만들어 올렸고 한때 사위이기도 했던 성종(成宗)에게 남긴 유언이다. 이 유언은 마치 당나라 때 명신(名臣) 위징(魏徵)이 당태종에게 올린 '간태종십사소(諫太宗十思疏)' 중에 있는 다음 두 가지 말을 합쳐놓은 듯하다.

처음에 시작을 잘하는 사람은 많지만 능히 끝을 잘 마치는 자는 거의 없습니다.

나태하고 게을러질까 두려울 때는 반드시 일의 시작을 신중히 하고 일의 끝을 잘 삼가야 한다[愼始而敬終]는 것을 떠올려야 합니다.
신시 이 경종

도학(道學)에 물든 그 후의 조선 주자학은 한명회를 매도했지만 예(禮)를 그들처럼 가례(家禮)에 국한하지 않고 일이 되어가는 이치 혹은 일을 만들어내는 이치[事理]로 넓혀서 접근할 경우 그의 전혀
사리
새로운 면모들을 만나게 된다.

1415년(태종 15년)에 세상에 나온 한명회의 할아버지는 1392년 7월 조선 왕조가 건국되자 예문관 학사로서 주문사(奏聞使)를 자청해 명나라에 가서 '조선(朝鮮)'이라는 국호를 승인받아 이듬해 2월에 돌아온 한상질(韓尙質)이다. 그의 동생 한상경(韓尙敬)은 개국공신이다. 따라서 한명회의 집안 자체는 조선 혹은 조선 왕실과 깊은 인연을 맺고 있었다. 아버지 한기(韓起)는 이렇다 할 행적이 없었고 일찍 죽어 한명회는 어려서 고아가 됐다. 의지할 데가 없자 작은 할아버지인 참판 한상덕(韓尙德)을 찾아가 몸을 맡겼는데 한상덕은 어린 한명회의 남다른 언행을 주의 깊게 살펴 이렇게 말했다.

"이 아이는 그릇이 예사롭지 않으니 반드시 우리 가문을 일으키게 될 것이다."

한명회는 어려서부터 글 읽기를 좋아하여 과거 공부를 하였으나 나이가 장성하도록 여러 차례 낙방(落榜)했다. 그러나 이를 태연하게 받아들이고 개의하지 않았다. 간혹 위로하는 사람이 있으면 이렇게 말했다.

"궁달(窮達)은 명(命)이 있는 것인데 사군자(士君子)가 어찌 썩은 유자[腐儒]나 속된 선비[俗士]가 하듯이 낙방에 실망하고 비통해하겠는가?"

어린 나이에 벌써 공자가 말한, 50세에 이르러야 한다는 지천명(知天命)의 의미를 품고 있었다. 스승 유방선(柳方善, 1388~1443년)[4]을 함께 모셨던 서거정(徐居正)이 쓴 한명회의 묘비명이 전하는 젊은 시절 한명회의 모습이다.

길창군(吉昌君) 권람 공과는 사생(死生)의 우의(友誼)를 맺어 서로

---

4) 아버지는 유기(柳沂)이고 어머니는 이색(李穡)의 아들인 이종덕(李種德)의 딸이다. 권근, 변계량 등에게 수학해 일찍부터 문명이 높았다. 1405년(태종 5년)에 국자사마시(國子司馬試)에 합격하고 성균관에서 공부했으나 1409년(태종 9년) 아버지가 민무구(閔無咎)의 옥사에 관련돼 처형을 당했고 그는 영천, 원주 등에 유배됐다가 1427년(세종 9년)에 풀려났다. 유배 생활 중에 유배지 영천의 명승지에 '태재(泰齋)'라는 서재를 짓고 당시에 유배 또는 은둔 생활을 하던 이안유(李安柔), 조상치(曺尙治) 등과 학문적인 교분을 맺었으며 주변의 자제들에게 학문을 전수하여 이보흠(李甫欽) 등의 문하생을 배출했다. 즉 정몽주, 권근, 변계량을 잇는 영남 성리학의 학통을 후대에 계승, 발전시키는 구실을 담당한 것이다. 원주에서 생활하는 동안에는 서거정, 한명회, 권람, 강효문(康孝文) 등 문하생을 길러내었으며 특히 시학(詩學)에 뛰어났다.

좋아함이 옛 관중(管仲)과 포숙(鮑叔)보다도 더했는데 권공과는 뜻이 같고 기개가 합하여 살림살이는 경영하지도 않고 산수간(山水間)에 노닐면서 혹 마음에 맞으면 한 해가 다하도록 돌아올 줄을 몰랐으며 명리(名利)에는 담박(淡泊)했다. 일찍이 길창군에게 농담하기를 "문장과 도덕은 내가 자네에게 자리를 내주지만 경륜(經綸)과 사업(事業)에 있어서는 어찌 많이 모자라겠는가?"라고 했다. 대체로 의론(議論)에 나타나는 것이 고매(高邁)하고 기위(奇偉)하였으므로 사람들이 모두 큰 재기(才器)로 지목하였다.

권람 또한 유방선의 제자였다. 권람에게 했다는 말은 단순한 농담이 아니라 한명회의 은근한 포부였다. 그리고 경륜과 사업을 자부했다는 것은 곧 사리에 그만큼 밝았다는 뜻이기도 하다. 그런데 조선에서 과거를 거치지 않고 "경륜과 사업"을 행할 수 있는 방법은 무엇일까? 자신이 임금이 되거나 임금을 만들어 그 임금을 도와 경륜과 사업을 펼치는 것!

한명회와 수양대군의 운명적 만남, 김종서를 제거하다

서거정의 묘비명은 또 한명회가 권람을 통해 수양대군을 만나게 되는 과정을 마치 오늘날의 신문 기사처럼 생생하게 전하고 있다. 한명회의 말 한마디, 한마디에 주목하며 다시 따라가보자.

임신년(壬申年, 1452년, 문종 2년) 공의 나이 38세에 경덕궁(敬德宮)의 궁지기[宮直]가 되었는데 그때에 문종(文宗)이 승하하고 어린 임금이 왕위에 오르자 권간(權姦-김종서)이 집권하여 국세(國勢)가 위태로우니 공은 항상 우분(憂憤)하는 심지(心志)를 가졌었다. 하루는 길창군에게 말했다.

　"시국이 이 지경에 이르니 안평(安平-안평대군 이용)이 신기(神器-왕위)를 넘보고 은밀히 대신과 결탁하여 후원(後援)을 삼고 많은 불령(不逞)한 무리들이 그림자처럼 따라붙고 나무뿌리 얽히듯 얽혀 화란(禍亂)의 발생이 조석 간에 있는데 그대는 이런 데에 추호도 생각이 미치지 않는가?"

　길창군이 말했다.

　"자네의 말이 맞네. 그러나 어떻게 해야 한다 말인가?"

　공이 말했다.

　"화란을 평정하는 것은 세상을 구제하고 난(亂)을 다스릴 수 있는 군주(君主)가 아니면 할 수 없네. 수양대군은 활달(豁達)하기가 한고조(漢高祖)와 같고 영무(英武)하기가 당태종(唐太宗)과 같으니 천명(天命)이 그분에게 있음을 분명히 알 수 있네. 지금 자네는 그분을 가까이에서 모시고 있으면서 어찌 조용히 건의하여 일찍 결단하게 하지 않는가?"

　길창군이 공의 계책을 갖고서 세조(世祖)에게 고하고 또 말했다.

　"한생(韓生-한명회)은 간국(幹局)이 있고 둘도 없는 국사(國士)로서 지금의 관중이나 악의(樂毅)라 할 수 있습니다. 공께서 연릉(延陵-춘추시대 오(吳)나라의 계찰(季札))의 절조(節操)를 지키시려면 모르거니와 그렇지 않고 이 세상을 평치(平治)하시려면 이 사람이 아니고는 할 수가 없습니다."

세조가 급히 공을 부르니 공이 복건(幅巾)을 쓴 채 들어가 알현했다. 세조가 첫눈에 구면(舊面)처럼 대하고 앞으로 나와 손을 잡으면서 말했다.

"어찌 진즉 만나지 못했을까? 지금 주상께서는 비록 유충(幼沖)하지만 곁에서 잘 보필하면 수성(守成)은 할 수 있는데, 대신이 간교하여 (안평대군) 이용(李瑢)에게 포섭되어 선조(先朝)께서 충자(冲子-어린 아들)를 부탁하신 뜻을 저버리니 조종(祖宗)의 선령(先靈)이 장차 어디에 의탁하시겠는가?"

말을 마치자 눈물을 흘리니 공도 비분강개하여 반정(反正)의 책략을 남김없이 말했다. 세조가 말했다.

"형세(形勢)는 고단(孤單)하고 세력은 미약하니 어떻게 한단 말인가?"

공이 말했다.

"명공(明公)께서는 종실의 맏이로서 사직(社稷)을 위하여 난적(亂賊)을 치는 것이므로 명분도 바르고 말도 사리에 맞으니 성공하지 못할 리가 만무합니다. 옛말에 이르기를 '결단해야 할 때 결단하지 못하면 도리어 그 앙화(殃禍)를 입는다'라고 하였으니 바라건대 명공께서는 익히 생각해 보소서."

세조가 말했다.

"경은 더 말하지 말라. 나의 결심이 섰네."

이로부터 모든 비계(秘計)와 밀모(密謀)는 모두 공의 지휘에 맡겨졌다. 공이 말했다.

"한고조가 비록 장량(張良)과 진평(陳平)의 계모(計謀)를 쓰기는 했지만 승리로 이끄는 데에는 한신(韓信)과 팽월(彭越)을 썼고, 당태종이 비록 방현령(房玄齡)과 두여회(杜如晦)를 임용했지만 전벌(戰伐)에는 포공(褒公-단지현(段志玄))과 악공(鄂公-울지경덕(尉遲敬德)의 봉호(封號))을 썼습니다."

드디어 무신(武臣)으로 용략이 있는 사람 수십 인을 천거했다.

이들은 이미 한나라 유방과 당나라 태종을 모범으로 삼고 대화를 나누고 있다. 다시 계유정난 직전이다.

계유년(1453년, 단종 원년) 10월에 곧 의병을 일으키려고 하는데 의심의 단서를 품고 중심(衆心)을 흐리게 하는 몇 사람이 있자 공이 칼을 빼어 들고 큰 소리로 말했다.

"한번 태어났으면 죽는 것은 사람마다 면할 수 없는 일인데 사직을 위해 죽으면 그래도 그저 죽는 것보다 낫지 않느냐? 감히 딴마음을 품은 자가 있으면 이 칼로 베겠다."

마침내 군심(群心)이 진정되었다. 이에 의사(義士)를 초집하여 마침내 원악(元惡)을 제거하고 추종자를 머리에 빗질하듯 싹을 도려내듯 하여 대난(大難)을 평정했다.

성삼문 등의 단종 복위를 막다

1455년(단종 3년) 6월에 세조가 즉위했다. 이듬해 6월 초하루에 세조가 광연루에서 연회를 베풀었는데 이개(李塏), 성삼문(成三問) 등이 이날 큰일을 일으키려고 계획했다. 그런데 한명회가 글을 올려 광연루는 자리가 좁으니 세자는 연회에 참석하지 말 것과 운검(雲劍)의 제장(諸將)도 입시하지 못하게 하기를 주청하니 세조가 윤허했다. 이때 성삼문의 아버지 성승(成勝)이 운검을 차고 곧장 들어오자 한명회가 꾸짖어 제지했다. 이에 성삼문 쪽에서는 일이 성공하지 못할 것을 알고 먼저 한명회라도 죽이자고 했는데 성삼문이 제지하며 말했다.

"큰일이 이뤄지지 않았는데 한모(韓某)를 죽인들 무슨 도움이 있겠는가?"

그 이튿날 일의 전모가 탄로나 모두 죽임을 당하였다. 사육신의 죽음이었다.
이에 대해 서거정은 찬탄하여 말했다.

광연루의 잔치에 세자가 참좌(參坐)하지 않은 것과 무신을 들이지 않은 그 심모(深謀)와 원려(遠慮)는 사람의 능력 밖에서 나온 것으로서 원악이 과연 그 간계(奸計)를 행하지 못하게 한 것이다. 이는 비록 조종께서 음(蔭)으로 도와주신 힘이었겠으나 또한 공의 충성이 암묵리(暗默裡)에 하늘에 감응되어 하늘 역시 도와주신 것이리라.

관중에 대한 공자의 현실주의적 평가

관중(管仲)은 춘추시대 제(齊)나라 환공(桓公)을 도와 제나라를 강력한 패권 국가로 만든 인물이다. 그러나 맹자를 받드는 성리학적 세계관에서 관중은 오히려 왕도(王道) 정치와는 다른 길로 간 인물로 폄하된다. 그런데 정작 공자는 관중에 대해 전혀 다른 생각을 갖고 있다. 이는 곧 예를 사리로 보았던 공자와 가례로 좁혀놓은 주자와의 차이라 할 수 있다. 먼저 『논어』 '팔일(八佾) 편'에서 공자는 어떤 사람과 이렇게 대화를 이어간다.

공자가 말했다. "관중의 그릇은 작았도다!"
이에 어떤 사람이 물었다. "관중은 검박했습니까?"
공자가 말했다. "관중은 삼귀(三歸)를 두었고 가신의 일을 통합하여 겸직시키지 않았으니 어찌 검박했다고 하겠는가?"
그 사람이 또 물었다. "그러면 예는 알았습니까[知禮]?"
공자가 말했다. "나라의 임금만이 병풍으로 문을 가릴 수 있는데 관중도 그렇게 했고 또 나라의 임금이라야 두 임금이 만났을 때 술잔을 되돌려놓는 자리를 만들어놓을 수 있는데 관중도 그렇게 했으니 만일 관중이 예를 안다고 하면 누가 예를 모르겠는가?"

삼귀란 해석이 크게 두 가지다. 첩들을 두었다는 해석도 있고 높은 대(臺)를 세 개나 만들었다는 해석도 있는데 어느 쪽이건 권세를 과시했다는 뜻이다. 가신의 일을 통합하지 않았다는 것 또한 가신을 많이 두었다는 말로 역시 권세를 과시했다는 뜻이다. 그리고 거의 임금의 권세에 맞서려 했음을 보여준다. 이는 한명회가 권력을 잡은 후에 보여준 모습들과도 많이 비슷하다.

그러나 '헌문(憲問) 편'에서 보여주는 공자와 제자 자공의 대화는 역사적 인물을 보는 공자의 현실주의적 통찰을 정확하게 보여준다.

공자가 말했다. "환공이 제후들을 규합함에 있어 무력을 사용하지 않은 것은 관중이 힘쓴 덕분이었으니 누가 그의 어짊[仁]만 하겠는가? 누가 그의 어짊만 하겠는가?"

자공이 이렇게 말했다. "(아무리 그렇게 말하셔도) 관중은 어진 사람이라고 할 수는 없을 것입니다. 환공이 공자 규(糾)를 죽였는데도 기꺼이 따라 죽지 못했고 또 환공을 돕기까지 했습니다."

공자가 말했다. "관중이 환공을 도와 제후의 패자가 되게 하여 한 번 천하를 바로잡아 백성들이 지금까지 그 혜택을 받고 있으니, 관중이 없었다면 우리는 머리를 헤쳐 풀고 옷깃을 왼편으로 하는 오랑캐가 되었을 것이다. 어찌 필부필부들이 작은 신의[諒]를 지키기 위해 스스로 목매 죽어서 시신이 도랑에 뒹굴어도 사람들이 알아주는 이가 없는 것과 같이 하겠는가?"

자로(子路)보다는 뛰어난 제자였던 자공 역시 여전히 도덕주의적 시각에서 벗어나지 못했다. 그만큼 역사에 대한 도덕주의적 접근의 유혹은 강하다. 그러나 필자는 공자의 시각을 따랐다. 『성종실록』에 실린 한명회 졸기(卒記)의 마지막 문장이다.

비록 여러 번 간관(諫官)이 논박(論駁)하는 바가 있었으나, 소박하고 솔직하여 다른 뜻이 없었기 때문에 그 훈명(勳名)을 보전(保全)할 수 있었다.

말의 유려함이 아닌
행동의 마땅함을 보라

예와 사리분별 그리고 지인

『예기(禮記)』 '예운(禮運) 편'에서 언언(言偃)이라는 사람이 공자에게 "예가 이토록 시급한 것입니까?"라고 묻자 공자는 이렇게 답한다.

　"대개 예라는 것은 선왕(先王)이 하늘의 도리를 이어받아 그것으로써 사람의 정(情)을 다스린 것이다. 그러므로 예를 잃은 자는 죽고 예를 얻은 자는 살아간다."

사람의 정[人情]을 다스리는 것이 예라면 다스리지 못한 것이 비례(非禮), 무례(無禮)가 된다. 그리고 『예기』에서는 흥미롭게도 사람의 정을 기뻐하고 성내고 슬퍼하고 두려워하고 사랑하고 미워하고 욕심내는 것 7가지, 즉 희로애구애오욕(喜怒哀懼愛惡欲)이라고 말한다. 이는 따로 배우지 않고서도 발산되는 것이다.

그런데 이는 마땅함[義]으로 다스려야 한다. 『예기』에서는 사람의 정을 다스리는 마땅함으로 부모의 자애로움[慈=子], 자식의 효도[孝], 형의 사랑[良], 아우의 공순[弟=悌], 지아비의 의로움[義], 지어미의 순종[聽=從], 어른의 베풂[惠]과 아이의 따름[順], 임금의 어짊[仁]과 신하의 충성스러움[忠], 이 10가지를 제시한다. 몇몇을 제외한다면 현대사회라고 해서 크게 다를 것이 없다.

결국 마땅함으로 사람의 정을 다스리는 것이 예라 할 수 있다. 그런데 이는 곧바로 그동안 우리가 관심을 가졌던 지인(知人)의 문제로 연결된다.

사람은 마음을 숨기고 있어 그 속을 헤아릴[測度] 길이 없으며 사람의 좋고 나쁜 점[美惡]은 모두 그 마음 안에 있어 그 얼굴에는 나타나지 않는다. 단 한 가지 방법[一]으로 그것을 알아내고자 한다면 예가 아니고서 무엇으로 할 수 있으랴!

따라서 자신이 먼저 예를 배워서 알지 못하면 다른 사람의 비례, 무례, 결례(缺禮), 실례(失禮) 등을 알아차릴 수 없다는 말이다. 이 같은 『예기』의 도움을 받게 되면 우리는 들어가는 말에서 잠깐 보았던 『논어』 '태백 편'에 나오는 다음과 같은 구절이 단순히 예를 갖추라는 도덕 명령이 아니라 사람을 제대로 알아보는 비결임을 새롭게 깨닫게 된다.

"공손하되 예가 없으면[無禮] 수고롭고, 삼가되 예가 없으면 두렵
고, 용맹하되 예가 없으면 위아래 없이 문란해질 수 있고, 곧되 예가
없으면 강퍅해진다. 임금이 친족들에게 돈독히 하면 곧 백성들 사이
에서 어진 마음과 행동이 자연스레 생겨나고, 또 (새로 등극한) 임금
이 옛 친구, 즉 선왕의 옛 신하들을 버리지 않으면 백성들은 구차한
짓을 하지 않는다[不偸=不苟]."

날 때부터 공이례(恭而禮), 신이례(愼而禮), 용이례(勇而禮), 직이례
(直而禮)한 사람이 있다면 그 사람은 생이지지(生而知之)한 사람이
다. 그다음은 그것을 배워서라도 알아야[學而知之] 한다. 여기서 무
례란 예를 배우지 않았다는 말이다. 바로 이 예의 자리에 다시 사리
분별 혹은 현실감을 집어넣어 해석해 보면 그 뜻은 훨씬 명확하게
드러난다. 때와 장소를 제대로 가려가며 공손하고 조심하고 용맹하
고 곧아야 한다는 말이다.

그리고 우리는 겉으로 드러난 그 사람의 공손, 조심, 용맹, 곧음만
보지 말고 그 사람이 상황에 맞게 행동을 하는지[隨時處變]를 보고
서 판단할 때 사이비(似而非)가 아닌, 진짜 그 사람의 진면목을 꿰뚫
게 되는 것이다.

예를 몰랐던 자로와 주박의 최후

『한서』'주박전(朱博傳)'에 따르면 주박(朱博)은 두릉(杜陵) 사람으로 집안이 가난해 젊은 시절 현(縣)의 급사(給事)로 정장(亭長)이 됐다. 우리 식으로 하면 동장 정도 되는 말직이다. 도적을 잡는 일이 있을 때는 과감하게 나서 피하지를 않았다. 점차 승진해 (현의) 공조(功曹)가 됐고 협객들과 사귀기를 좋아했다. 이때 전장군 소망지(蕭望之)의 아들 소육(蕭育)과 어사대부 진만년(陳萬年)의 아들 진함(陳咸)은 공경의 아들로 재주가 뛰어나 이름이 있었는데 주박은 이 두 사람 모두와 우정을 나눴다.

그런데 진함이 어사중승으로 있으면서 궐내[省中=禁中]의 일을 누설한 일에 연루돼 감옥에 내려졌다. 주박은 관리를 그만두고 몰래 정위(廷尉)의 관아에 들어가 진함의 일을 훔쳐보았다. 진함이 고문을 당하며 아주 고생을 하자 주박은 의원인 것처럼 꾸며 옥 안에 들어가 진함을 만나볼 수 있었고 죄에 걸려든 정황을 구체적으로 알게 됐다. 주박은 감옥 밖으로 나와 다시 성과 이름을 바꾸고서 진함이 수백 대나 맞는 등의 고초를 겪고서 어쩔 수 없이 털어놓은 것임을 입증하여 사형을 면하고 감형될 수 있게 해주었다. 진함은 정식 논죄를 받아 감옥을 나왔고 그 바람에 주박은 이름이 났으며 군의 공조가 됐다.

드디어 지방의 행정을 맡아 태수로 나갔다. 성실하고 진취적이었기에 가는 곳마다 잘 다스린다는 좋은 평가를 얻었다. 다만 배움이 짧은 데다가 유학을 싫어했다. 유리(儒吏)들은 수시로 옛 기록 운운하며 글을 올렸으나 주박은 그들을 만나보고서 이렇게 말했다.

"태수란 한나라 관리이며 3척(짜리 죽간에 실린) 율령이면 얼마든지 일을 할 수 있을 뿐인데 무슨 유생들이 함부로 성인(聖人)의 도리 운운하는가? 정 그런 도리를 따르고 싶거든 훗날 요순(堯舜) 같은 임금이 나타났을 때 그 사람에게 가서 진설(陳說)하라."

여기서 우리는 『논어』 '선진(先進) 편'에 나오는 자로를 떠올리게 된다.

한번은 자로가 계씨(季氏)의 가신이 되어 공자의 또 다른 제자인 자고(子羔)를 비읍(費邑)의 책임자로 삼자 공자는 탄식했다. "남의 자식을 해치는구나!"
이에 자로가 맞섰다. "백성과 사람이 있고 사직이 있으니 어찌 반드시 책을 읽은 뒤에야 학문을 하겠습니까?"
공자가 말했다. "바로 이런 너 때문에 나는 말 잘하는 사람[佞者]을 미워하는 것이다."
^{영자}

자로는 전형적으로 용이무례(勇而無禮)한 자다. 주박의 말은 자로의 말 그대로다. 영자(佞者)에 대한 공자의 부정적인 인식은 이 구절만 봐서는 정확히 알기 어렵다. 『논어』 '위령공(衛靈公) 편'에서 수제

자인 안연(顏淵)이 나라를 잘 다스리는 방책에 관해 묻자 공자는 이렇게 말했다.

"하나라의 책력을 시행하고 은나라의 수레를 타고 주나라의 면류관을 써야 한다. (그런 연후에) 음악은 순임금의 음악인 소무로 하고 정나라의 음악을 추방하며 말재주 있는 사람을 멀리해야 한다. (왜냐하면) 정나라 음악은 음탕하고 말 잘하는 사람은 위태롭기 때문이다."

자기는 물론이고 나라를 망칠 사람이 바로 영자인 것이다. 그러나 주박은 이재(吏才), 즉 관리로서 다스리는 재주가 뛰어났다.

주박은 군을 다스리면서 늘 속현들에 명해 각각 자기 현의 호걸들을 써서 대리(大吏-고위 관리)로 쓰도록 하고 문재와 무재를 감안해 적재적소에 배치토록 했다. 현에 큰 도적이나 그 밖의 다른 비상사태가 있으면 즉각 문서를 보내 엄하게 책망했다. 이에 그들이 온 힘을 다해 효과가 있으면 반드시 두터운 상을 주었고 간교함을 품고서 임무를 소홀히 할 경우에는 즉각 주벌을 시행했다. 이 때문에 호강(豪強)한 자들은 두려워하여 복종했다.

치적이 뛰어나 도성에 들어가 임시 좌풍익(左馮翊-서울시장)이 됐고 임기를 다 채우자 정식 좌풍익이 됐다. 그가 좌풍익으로 다스릴 때 법리와 총명(聰明)은 설선(薛宣)에 미치지 못했지만 무략과 계책이 많았고 비밀 연락망을 잘 조직했으며 이익을 별로 탐하지 않았고 과감하게 주살(誅殺)을 시행했다. 그러나 또한 큰 관용을 베풀었기 때문에 아래 관리들은 이로 인해 온 힘을 다했다. 이에 그는 중앙과 지방을 오가며 탄탄대로 승진의 길을 걸었고 마침내 애제(哀帝) 때 신하로서는 최고의 자리인 승상(丞相)의 자리에 오른다.

그런데 그에 앞서 애제의 할머니 정도(定陶) 태후가 존호를 받고 싶어 했을 때 태후의 사촌동생 고무후(高武侯) 부희는 대사마로 있으면서 승상 공광(孔光), 대사공 사단(師丹)과 함께 공동으로 바른 의견을 고수했다. 반면에 공향후(孔鄕侯) 부안(傅晏) 또한 태후의 사촌동생이었는데 아첨을 하면서 태후의 뜻을 따르고자 하여 마침 주박이 새롭게 지방에서 불려와 경조윤이 되자 함께 교결을 맺고서 존호를 받게 하려는 계책을 만들어 (애제가) 효도를 넓힐 수 있게 해주려 했다. 이로 말미암아 사단이 먼저 면직됐고 주박이 그를 대신해서 대사공이 되자 여러 차례 애제가 한가한 틈을 타서 봉사(封事)를 올려 말했다. 다시 『한서』 '주박전'이다.

"승상 공광의 뜻은 자기 한 몸이나 지키는 데 있어 나라를 제대로 걱정하지 않습니다. 대사마 부희는 지존의 지친이면서 대신에게 아부하여 당파를 이뤘으니 정치에 아무런 도움이 되지 않습니다."

애제는 드디어 부희를 파직시켜 내보내 봉국으로 나아가게 했고 공광을 면직시켜 서인으로 삼고서 주박으로 하여금 공광을 대신해 승상으로 삼고서 양향후(陽鄕侯)에 봉하고 식읍은 2천 호로 했다. 이에 주박은 글을 올려 사양하며 말했다.

"고사에 따르면 승상을 봉할 때 1천 호를 넘지 않았는데 신 홀로 제도를 뛰어넘으니 참으로 부끄럽고 두렵습니다. 1천 호를 반납하고자 합니다."

애제는 허락했다. 부(傅) 태후는 부희에 대한 원망이 그치지를 않아 공향후 부안으로 하여금 은근히 승상에게 눈치를 주어 부희의 후(侯) 작위를 박탈하도록 아뢰게 했다. 주박은 조(詔)를 받고서 어사대부 조현(趙玹)과 토의를 하니 조현이 말했다.

"그 일은 이미 전에 결정되었는데 없었던 일로 하는 것이 마땅하지 않겠습니까?"

주박이 말했다.

"이미 공향후가 가져온 (태후의) 뜻에 따르기로 했소. 필부와의 약속이라도 죽음으로 지켜야 합니다. 하물며 지존(태후)이겠습니까? 박은 오직 죽음이 있을 뿐이오."

조현은 즉시 그렇게 하겠노라고 했다.

주박은 오직 부희만을 배척하는 글을 아뢸 수가 없었는데 예전에 대사공이었던 범향후(氾鄕侯) 하무(何武)도 전에 역시 죄에 연루돼 봉국으로 돌아간 적이 있었으므로 일이 부희와 유사하다고 여겨 곧장 함께 아뢰어 말했다.

"부희와 하무는 예전에 자리에 있으면서 모두 정치에서는 무익했는데 비록 이미 물러나서 면직됐지만 작위와 봉토는 그대로 있으니 마땅한 바가 아닙니다. 청컨대 모두 벗겨서 서인으로 삼아야 합니다."

상은 부 태후가 평소에 일찍이 부희에게 원한을 가지고 있다는 것을 알고 있어서 주박과 조현이 태후의 뜻을 이어받은 것으로 의심하고 곧바로 조현을 불러 상서로 오게 하여 상황을 물어보니 조현이 두려워하여 실상을 자백하자 조서를 내려 좌장군 팽선(彭宣)과 중조(中朝)에 있는 신하들이 함께 조사하라고 지시했다. 이에 팽선 등이 주박을 탄핵하여 아뢰었다.

"주박은 재상이고 조현은 상경(上卿)이며 부안은 외척으로 그 지위가 특진(特進)이니 모두 팔다리와 같은 대신으로 상의 신임을 받고 있는데도 온 정성을 다해 공을 받들고 은혜와 교화를 넓히는 일에 힘써 백료들을 앞서 이끌 생각은 하지 않고서 모두 아는 바와 같이 부희와 하무의 일은 이미 성은에 따라 결정된 일이며 세 번이나 고쳐서 사면되었는데도 주박은 그릇된 도리를 고집하며 폐하의 성은을 훼손하고 외척과 신의를 지킨다며 임금과 신하의 의리를 저버리고 정치를 어지럽게 하면서 간사한 무리의 우두머리가 되어 아랫사람에게 붙어 위를 기망하려 하였으니 신하 된 자로서 불충이자 부도(不道)입니다. 조현은 주박이 말한 것이 법에 어긋나는 것임을 알면서도 대의를 굽혀 아첨하고 따라 큰 불경을 저질렀습니다. 부안과 주박이 부희를 면직시키자고 토의한 것은 예를 잃은 것이며 불경입니다. 신은 청컨대 알자에게 조서를 내리시어 주박, 조현, 부안을 불러 정위에 이르러 조옥(詔獄)에 가둬야 할 것입니다."

제(制)하여 말했다.

"장군, 중(中) 2천 석, 2천 석, 제(諸)대부, 박사, 의랑을 함께 토의하라."

우장군 교망(蟜望) 등 44인은 "팽선 등이 말한 대로 허락하셔야 합니다"라고 했고 간대부 공승(龔勝) 등 14명은 "『춘추(春秋)』의 대의에도 간사하게 임금을 섬길 경우에는 일반 형벌을 그만두지 않습니다. 노(魯)나라 대부 숙손교여(叔孫僑如)는 노나라 공실을 제 마음대로 하려고 그 족형인 계손행보(季孫行父)를 진(晉)나라에 참소했고 진나라에서는 계손행보를 잡아 가두어 노나라를 혼란에 빠트렸는데 『춘추』는 이 일을 중하게 여겼기 때문에 기록한 것입니다. 지금 부안은 폐하의 명을 따르지 않아 일족을 패망으로 이끌고 조정의 정사를 어지럽게 만들었으며 대신을 협박해 상을 기망하려 했으며 본래부터 계책을 주도하여 혼란을 빚어냈으니 주박, 조현과 같은 죄이며 모두 부도에 해당합니다"라고 말했다.

상은 조현의 죽을죄를 3등급 감형했고 부안의 식읍 4분의 1을 삭감했으며 알자에게 지절을 주어 승상을 불러 정위의 조옥에 보내게 했다. 주박은 자살했다.

딱히 악행을 저지른 것은 아니다. 속된 말로 새로운 줄에 서보려다가 명분에 밀려 비명횡사(非命橫死)한 경우다. 자로도 위(衛)나라의 권력투쟁에 휘말려 비명횡사했다. 묘하게도 반고 또한 다른 맥락에 서이긴 하지만 주박의 삶을 한 줄로 압축하면서 자로를 끌어들인다.

주박은 열심히 내달려 진취(進取)한 바가 컸으나 도리와 다움[道德]을 생각지 않았으니 이미 뭐라 칭송할 만한 말이 없고 또 효성
도덕

(孝成-성제)의 세상을 보았고 대신으로 위임을 받아 이름을 빌려 권력을 마음대로 행사했다. 세상의 주인[世主]이 이미 바뀌었다고 좋아하고 싫어하는 것을 예전과 달리하면서 다시 정씨(丁氏)와 부씨(傅氏)에게 붙어 공향후의 뜻에 맞춰 순종했다. 일이 발각돼 힐책을 당했고 드디어 꾐에 빠졌으니 말은 궁하고 사실은 명확해 짐독(鴆毒)을 마셨다. 공자가 말하기를 "오래되었구나! 유(由)의 거짓을 행함이여!"라고 했으니 주박 또한 그러했도다.

'유'는 자로의 이름이다. 반고가 여기서 인용한 것은 『논어』 '자한(子罕) 편'에 나오는 공자의 말의 일부다.

공자가 병이 더 심해지자 자로는 또 다른 제자로 하여금 스승의 가신으로 삼았다. 병에 차도가 있자 공자는 이렇게 말한다. "오래되었구나! 유의 거짓을 행함이여! 가신이 없는데 가신을 두었으니, 내가 누구를 속였는가? 내가 하늘을 속였구나!"

공자는 임금이 아니기 때문에 신하를 둘 수 없었다. 그런데도 자로가 하늘을 속이고서 스승을 위한다는 마음으로 공자에게 가신을 둔 것에 대한 공자의 탄식이다. 세상의 이치, 즉 예를 몰랐던 자로나 주박은 공자의 말대로 제 수명을 얻지 못했다.

리더의 혼매함을
경계하라

이성계의 패착

조선에는 크게 네 차례의 정변이 있었다. 태종, 세조, 중종, 인조 때다. 정난(靖難)이라고도 하고 반정(反正)이라고도 하는데 일단은 중립적 의미에서 정변이라고 부르겠다. 정변은 일반적으로 성공한 쪽의 입장에서 보는 경우가 많다. 그러나 권력을 빼앗긴 쪽을 깊이 들여다보면 오히려 이들 네 정변이 성공하게 된 요인이나 이유를 더욱 분명하게 볼 수 있다. 물론 우리는 거기서도 사리분별의 중요성을 살피게 된다.

다만 세조에게 권력을 넘긴 문종, 단종 부자는 오히려 임금이 아니라 김종서라는 신하가 세조를 막아내지 못한 특수한 경우이기 때문에 여기서는 태조, 연산군, 광해군의 경우만 검토할 것이다.

먼저 태조 이성계의 경우다. 그는 말 위에서 세상을 얻었다. 그러나 통치술을 제대로 익히지 못했다. 『태조실록』에 따르면 이성계는 일찍이 군중(軍中)에 있을 때부터 송나라 정치가이자 유학자 진덕수가 펴낸 제왕학의 텍스트 『대학연의』를 좋아했다고 한다. 그래서 훗날 개국이 되고 성균관 대사성에 오르는 유경(劉敬)을 가까이에 두고서 이 책을 풀이하게 했다. 즉위 초에도 한동안 이성계는 『대학연의』를 강독하고 있다. 하지만 여러 문맥을 보면 이성계 자신은 한문을 그다지 잘 읽지 못했던 것으로 보인다.

『대학연의』 앞부분에는 한나라를 개국한 유방(劉邦)과 관련한 의미심장한 일화가 실려 있다. 원래는 사마천(司馬遷)의 『사기(史記)』에 실린 내용이기도 하다.

한나라 고조(高祖-유방) 황제가 천하를 평정했을 초기에 태중대부(太中大夫-궁중고문관) 육가(陸賈, 기원전 240~기원전 170년)가 수시로 그 앞에서 『시경(詩經)』과 『서경(書經)』을 높이 평가하며 강술하려 하자 고제(高帝)는 "내가 말 위에서 (천하를) 얻었지 어찌 『시경』과 『서경』이 도움을 주었겠는가"라고 말했다.

이에 육가가 말했다.

"말 위에서 (천하를) 얻었다고 해서 말 위에서 다스릴 수 있겠습니까? 문무(文武)를 함께 쓰는 것이야말로 장구한 계책[術]입니다. 만일 진(秦)나라 시황제가 천하를 얻고 나서 어짊과 의로움[仁義]을 닦으며 옛 성인(聖人)이나 성군(聖君)들을 본받았다면 (진나라는 망하지 않았을 터이니) 폐하께서는 어찌 천하를 얻어 가질 수 있었겠습니까?"

이에 고제는 부끄러워하는 듯한 모습을 보이면서 육가에게 말했다.

"그대는 나를 위해 진나라가 천하를 잃게 된 까닭, 내가 그로부터 얻어야 할 교훈, 그리고 옛날 왕조들의 성공과 실패 등에 관해 책을 짓도록 하라."

육가는 곧바로 나라 존망의 근본 이치에 관한 저술에 착수해 모두 12편을 썼다. 매번 한 편씩 올릴 때마다 고제는 "처음 듣는 말[新語]"이라며 칭찬을 아끼지 않았고 그 책의 이름도 『신어(新語)』라고 지어 주었다.

육가는 전한 초기의 변론가이자 외교가로 초나라 사람이었는데 유방을 도와 한나라를 세우는 데 큰 기여를 했다. 그런데 곧바로 이 구절에 대해 진덕수는 송나라 유학자 호굉(胡宏)의 말을 인용해 이렇게 말한다.

한 고조가 그 말을 채용했더라면 반드시 적서(嫡庶)에는 분명한 구분이 섰을 것이며 자식들을 가르친 데도 법도가 있어 후(后)와 부인(夫人), 빈(嬪), 부(婦)가 각각 자신의 자리를 찾을 수 있었을 것이다.

(그렇게 했다면) 또 어찌 척부인(戚夫人, ?~기원전 194년)이 인간 돼지[人彘]로 불리고 그의 아들 조왕(趙王) 유여의(劉如意), 준양왕(准陽王) 유우(劉友), 양왕(梁王) 유회(劉恢)가 모두 다 비명횡사했겠는가?

척부인은 고조의 총희(寵姬)로, 조왕 유여의를 낳았다. 고조가 태자를 폐하고 조왕을 세워 태자로 삼으려고 했다. 여후(呂后)가 장량(張良, ?~기원전 186년)[5]의 계책을 써서 상산사호(商山四皓)를 불러 태자의 빈객으로 삼으니 결국 태자를 바꾸지 않게 되었다. 고조가 죽자 여후가 조왕을 짐살(鴆殺)하고 척부인을 투옥한 뒤 수족(手足)을 모두 자르고 눈알을 뽑고 귀에 뜨거운 김을 불어 넣었으며, 벙어리 약을 먹여 측소(厠所-화장실)에 던져두었다. 그런 뒤 인체(人彘-인간 돼지)라 불렀다. 물론 유방의 경우에는 본부인 여씨(呂氏)가 비극을 일으켰고 이성계의 경우에는 본부인의 아들 이방원이 비극을 일으켰지만 그 결과는 실상 놀라울 정도로 비슷하다.

더욱이 한나라에서는 유방이 죽은 뒤에 그나마 이런 일이 일어났지만 조선에서는 이성계가 살아 있을 때 그런 비극이 일어났다. 인간사 이치에 대한 이성계의 얕은 통찰이 결국은 이런 비극을 불러온 셈이다. 애당초 첫째 부인 아들들이 버젓이 살아 있고 심지어 그중 이방원은 개국에 결정적 공로를 세웠음에도 사랑에 눈이 어두워 두

5) 자는 자방(子房)이고, 시호는 문성(文成)이다. 할아버지와 아버지가 연이어 한(韓)나라의 재상을 지냈다. 진나라가 조국인 한나라를 멸망시키자 박랑사(博浪沙)에서 진시황을 암살하려 했지만 실패했다. 그 후 이름을 고치고 하비(下邳) 땅에서 살았는데, 흙다리 위에서 황석공(黃石公)이란 노인을 만나 『태공병법(太公兵法)』을 전수받았다고 한다. 유방의 모신(謀臣)이 되어, 유방이 군대를 이끌고 함양(咸陽)에 진군했을 때 번쾌(樊噲)와 함께 유방에게 궁실의 부고(府庫)를 봉하고 패상(覇上)으로 철군할 것을 권했고, 홍문연(鴻門宴)에서는 기지를 발휘해 유방을 위기에서 구해냈으며, 영포(英布)와 팽월(彭越)과 연대하고 한신을 등용하고 항우를 공격해 완전히 궤멸시킬 것을 건의했다. 뜻을 이룬 뒤 속세를 벗어나 벽곡(辟穀)을 하여 신선술을 익히며 여생을 보냈다.

번째 부인의 아들 중에서도 막내를 세자로 정한 것 자체가 이성계의 낮은 사리분별 수준을 보여주는 명백한 사례다.

제가에 실패한 아버지 성종의 미숙과 업보에 짓눌린 연산군

연산군에 대해 우리는 하나의 가설을 갖고 있다. 즉 연산군은 왕위에 올라서도 한참 동안 친어머니 윤씨의 죽음을 둘러싼 미스터리를 모르다가 외할머니를 통해 그것을 알게 되고서 갑자기 폭군으로 돌변해 사화를 일으키고 대신들과 충돌하다가 폐위가 됐다는 것이다.

그런데 이런 가설은 실록에 기반한 것이 아니다. 소설가 박종화가 1930년대에 발표한 소설 『금삼(錦衫)의 피』에서 비롯된 것이다. 그러나 이는 실상과는 전혀 동떨어진 픽션일 뿐이다.

연산군은 이미 아버지 성종(成宗) 시절 세자로 있을 때 어머니의 비극을 알고 있었다. 1482년(성종 13년) 8월 16일 어머니 윤씨가 사약을 받고 세상을 떠났을 때 연산군은 7세쯤 됐다. 그리고 6개월 후인 1483년(성종 14년) 2월 세자에 책봉됐다. 그리고 5년 후인 1488년(성종 19년) 2월에는 병조판서 신승선(愼承善)의 딸을 세자빈으로 맞아 혼례를 올렸다. 이 무렵 성종은 생각을 바꿔 폐비 윤씨를 추증하여 왕비의 자리를 되찾아주지는 않았지만 격식은 왕비에 준하게 해서 제사를 지냈다. 그것은 세자를 위한 배려였다. 제사를 조금 앞둔 1489년(성종 20년) 5월 16일 성종은 당시의 재상 윤필상 등에게 밀봉한 작은 편지를 전했는데 거기에는 이런 내용이 들어 있었다.

어미가 자식 때문에 영화롭게 되는 것은 임금의 은혜이며 후일의 간악함을 방비하는 것은 임금의 정사이다. 지금 세자의 정리(情理)를 생각하면 어찌 측은하지 않겠는가? 지금 특별히 일정한 제사를 드려 자식의 심정을 위로하여 영혼이 감응하게 하고자 한다. 그러나 내가 죽은 뒤에라도 영원토록 바꾸지 말고 아비의 뜻을 지키게 하는 것이 어떠하겠는가?

그러나 맨 마지막 문장이 결국은 연산군의 발목을 잡게 된다. 실은 이 무렵을 전후해 세자는 어머니 죽음의 실상을 거의 파악했고 그랬기 때문에 1495년(연산군 원년) 8월 15일 연산군은 신하들에게 이런 전교를 내리고 있다.

폐후(廢后)가 덕이 부족하여 부왕(父王)의 버림을 받았으니 나는 골육의 정을 잊지 못하여 차마 고기를 먹지 못하지만 여러 신하들이야 어찌 소식(素食)을 하려 하느냐.

즉 훗날의 무오사화나 갑자사화는 갑작스러운 충격적 소식으로 인해 폭군이 된 연산군이 일으킨 사건이 아니라 왕권과 신권(臣權)의 오랜 충돌 과정이 누적되면서 일어난 사건들인 것이다. 따라서 단순히 그의 광기(狂氣)에서 폐위의 원인을 찾는 것은 상상력을 자극하기는 하나 실상과는 거리가 멀다고 볼 수 있다.

오히려 폐비된 어머니 문제 못지않게 연산군의 앞을 가로막은 것은 유약한 아버지 성종 시절 커질 대로 커진 신권이었다. 특히 홍문관의 권력화로 상징되는 성종 시기의 대간(臺諫) 권력은 실은 주자학 자체가 추구했던 신하 중심의 세계를 구현하는 별동대라 할 수 있었다.

반면에 연산군은 누구인가? 1476년(성종 7년) 11월 6일 밤 원자가 태어났다. 도승지 현석규와 우승지 임사홍 등이 선정문에 나아가 이렇게 아뢴다.

"우리 조선이 개국한 이래 문종과 예종은 모두 잠저에서 탄생하시어 오늘 같은 경사는 처음입니다."

이게 무슨 말인가? 왜 하필이면 문종과 예종을 특정하여 이런 말을 하는 것일까? 정상적으로 왕위를 이은 문종과 예종도 잠저에서 태어났다면 다른 왕들은 말할 필요도 없다. 잠저란 궁궐이 아니라 민가(民家)를 말한다. 단종의 경우도 문종이 세자 시절에 낳았다. 아버지가 임금 자리에 있는데 원자가 궁궐에서 태어난 첫 번째 경우가 바로 훗날 폭군으로 낙인찍힌 연산군이다. 즉 연산군은 원자로 태어나 국왕의 자리에 오른 첫 번째 인물이다.

이런 출생 배경은 강력한 자존감으로 무장하기 마련이며 당연히 강한 왕권을 추구하게 된다. 이처럼 원자로 태어나 세자로 있다가 왕위에 올라 철권정치를 보여준 임금이 바로 훗날의 숙종(肅宗)이다. 왜 숙종은 성공했는데 연산군은 폐위됐는가? 어머니 문제로 분노 조절에 실패했고 대신과 대간을 한꺼번에 적으로 돌린 데 큰 원인이 있었다. 사리분별의 출발이라고 할 수 있는 형세 판단을 그르쳤던 것이다.

그런 점에서 변원림은 『연산군 그 허상과 실상』에서 그 어떤 전문 연구자보다 정확하게 연산군의 실패 이유를 짚어내고 있다.

연산군이 폐위하게 된 결정적인 계기는 그가 실정을 해서가 아니라 자신의 세력을 확고하게 구축하기 전에 너무 성급하게 권세가들을 한꺼번에 제거하려고 서두른 것에 이어 자신의 측근에 있는 친위대의 인원과 내시들을 함부로 다루어 단 한 명의 심복도 얻지 못한 데 있었다. 연산군은 초기부터 궁인들을 다루기를 심히 박하게 하여 조금만 잘못을 해도 6, 70대의 매를 치고 귀양 보내곤 했었다.

아버지의 업보를 넘어서기에는 그 또한 아버지를 닮아 미숙했다는 말이다.

혼군 광해군의 폐위는 사필귀정

우선 오해를 막기 위해 한 가지 지적해 둘 것이 있다. 사필귀정이라 해서 반정의 정당성을 인정하는 말은 아니라는 뜻이다. 사실 광해군은 1623년(광해군 15년) 3월에 무력에 의해 쫓겨나기는 했지만 광해군을 끌어내리려는 시도는 이미 1620년경부터 꾸준히 있어왔다. 그렇다면 당시 무력을 장악하고 있던 광해군이 1,500여 명의 오합지졸에 의해 폐위됐다는 것은 곧 그의 무능과 연결 짓지 않을 수 없다.

흔히 인조반정을 주도한 2인으로 신경진(申景禛)과 구굉(具宏)을 꼽는다. 두 사람 모두 당대의 무장이었다. 그런데 당시 선조 주변의 혼맥을 자세하게 들여다보면 인조반정이 일어나게 된 구조적 요인들을 쉽게 알 수 있다.

문제의 인물은 신화국(申華國)이다. 그의 두 아들이 신립(申砬), 신잡(申礁)이고 그의 장녀는 구사맹(具思孟)과 혼인을 했다. 신경진은 신립의 아들이고 구굉은 구사맹의 아들이다.

평산 신씨 집안과 능성 구씨 집안은 각각 선조와도 사돈 관계였다. 신립의 장녀가 선조와 인빈 김씨 사이에서 난 둘째 아들 신성군과 결혼했다. 인조(능양군)는 신성군의 친동생 정원군의 장남이었으니 신립의 장녀는 인조의 큰어머니였다.

그리고 인조의 아버지 정원군은 구사맹의 다섯째 딸과 결혼을 했다. 따라서 신경진은 인조의 큰어머니의 남자 형제였고 구굉은 인조의 외삼촌이었다.

두 사람의 모의는 상당히 오래전부터 시작됐다. 1615년(광해군 7년) 신경희(申景禧)가 능창군을 추대하여 정변을 모의했다는 사건이 터져 결국 신경희는 국문을 받던 도중 옥사하고 능창군은 살해당하는 일이 벌어졌다. 능창군은 능양군(인조)의 동생이었다. 신경희는 신립의 형 신잡의 아들이었다.

능양군의 입장에서 보자면 친동생을 잃었고 신경진의 입장에서는 사촌동생(신경희)을, 구굉의 입장에서는 조카(능창군)를 잃은 셈이었다. 학계의 연구에 따르면 이미 이 무렵부터 신경진과 구굉은 동조 세력 규합에 들어간 것으로 보인다.

다행스럽게도 광해군은 중앙 정치는 대북 세력(정인홍, 이이첨)에 맡기면서 북방은 이항복을 비롯한 서인(西人)에게 맡겼다. 이항복(李恒福)은 임진왜란 때만 다섯 차례나 병조판서를 역임했을 만큼 군무에 정통했다. 광해군 초에는 좌의정을 거쳐 북방 수비를 총괄하는 도체찰사를 지냈고 1617년(광해군 9년) 인목대비 폐모에 반대하다가 북청으로 유배를 가 이듬해 세상을 떠나게 된다.

훗날 인조반정 4대장이라고 할 때 신경진 외에 이서(李曙), 김류(金瑬), 이귀(李貴) 등이 꼽히는데 이들 네 명은 모두 이항복의 도체찰사 시절과 깊은 인연을 맺고 있다.

신경진은 이항복이 도체찰사로 있을 때 막료로 데리고 있었고 이서 또한 마찬가지였다. 김류는 당대의 실력자 정인홍의 견제에도 불구하고 이항복의 천거로 관리로서 성공했으며 이귀는 이항복과 가까웠던 이덕형의 지원을 받은 인물이었다. 이들 네 사람은 하나같이 서인 계통의 인물들이었다.

한편 중앙 정계는 대북 세력과 소북 세력의 당쟁이 격화되는 가운데 각종 역모 사건 등으로 희생자들이 늘어나고 있었고 그에 비례하여 광해군 정권에 반감을 갖고 초야에 숨는 인사들도 많아졌다. 이런 가운데 1617년 인목대비 폐비가 이뤄졌다. 여론은 급속도로 반(反)광해군으로 돌아섰다.

신경진과 구굉이 본격적인 행동에 나서기 시작한 것은 이 무렵부터다. 다만 능양군은 능창군 사건 이후 집도 빼앗기고 감시가 워낙 심해 전면에 나설 수 없었다.

일차적으로 무신 이서를 포섭하는 데 성공한 두 사람은 이어 문무를 겸비했다는 김류를 포섭하고 나아가 능양군 추대 계획을 완성하고서 원로 정객 이귀를 끌어들이는 데 성공한다. 이귀는 이미 대북 세력으로부터 위험인물로 간주돼 감시를 받아오고 있던 인물이었다. 최명길(崔鳴吉)은 이귀와의 인연을 고리로 해서 그의 아들 이시백과 함께 거사에 참여했다. 그런데 광해군 정권은 위험인물인 이귀를 1621년(광해군 13년) 4월 연금에서 해제한다. 그만큼 무능했던 정권이었다.

1622년(광해군 14년) 8월 신경진과 이귀의 정변 모의가 누설돼 대간의 탄핵이 시작됐다. 그런데도 처벌은 '외직 좌천'에 그쳤다. 심지어 조정에서는 "이귀와 김자점이 반역을 꾀하니 잡아들여 국문해야 한다"는 주장이 계속됐지만 광해군의 귀는 밝지 못했다[不聽]. 결국
불총

다음 해 3월 12일 광해군은 쫓겨났다.

태조, 연산군, 광해군 세 명의 임금에게서 공통적으로 발견되는 문제점이 있다. 사서의 하나인 『대학(大學)』 전(傳) 8장의 한 구절이다.

어떤 사람을 좋아하면서도 그 사람의 나쁜 점을 알고 있고 또 미워하면서도 그 사람의 좋은 점을 알고 있는 사람은 세상에 드물다[好而知其惡 惡而知其美者 天下鮮矣].
이 지 기악 오 이 지 기미 자 천하 선의

사람의 일에 있어
그 출발점은 효다

'공(公)'으로 나아가기 위한 지렛대이자 디딤돌, 효

지금 우리는 예를 일의 이치, 그중에서도 사람의 일[人事]의 이치라는 관점에서 풀어가고 있다. 공자는 바로 그 사리를 제대로 알아서 실천하는 출발점으로 효(孝)를 제시했다. 다른 사상가들에게서는 찾아볼 수 없는 탁견이다. 그러다 보니 마치 공자를 효나 충만을 강조한 사람으로 몰아세우는데 이는 그릇된 것이다. 그는 결코 효에서만 머물지 않는다. 그것은 곧 지극한 다스림[至治]을 위한 출발점이자 방법론임을 간파해야 한다. 공자가 효를 강조하는 것은 공(公)을 향해 나아가기 위한 일종의 디딤돌이나 지렛대임을 잊어서는 안 된다는 말이다. "사리의 출발점은 효"라는 것을 단적으로 보여주는 사례가 『논어』 '자로 편'에 실려 있다.

섭공(葉公)이 공자에게 말했다. "우리 당에 정직하게 행동하는 궁이라는 사람이 있으니 그의 아버지가 양을 훔치자 그는 아버지가 훔쳤다는 것을 증언하였습니다."

이에 공자가 말했다. "우리 당의 정직한 자는 이와는 다릅니다. 아버지는 자식을 위하여 숨겨주고 자식은 아버지를 위하여 숨겨주니 곧음이란 바로 이 가운데 있는 것입니다."

곧음, 즉 직(直)의 뜻을 이해함에 있어 섭공과 공자는 전혀 다르다. 곧은 도리[直道]란 올바른 사리다. 공자는 아버지의 잘못, 자식의 잘못을 고발하는 것이 곧음이 아니라 그것을 자신의 일로 알고서 감싸는 것이 곧음이라고 말하고 있다. 다시 말해 혈친을 제 몸과 같이 여기는 친친(親親)이 곧은 도리, 즉 일의 이치임을 제시하고 있는 것이다. 이를 잘못 이해해 혈친을 감싸는 것이 곧은 도리라고 여겨서는 곤란하다. 이는 오히려 혈친을 감싸기 위해 자신의 공직을 내던져야 한다는 말이다.

흥미롭게도 이 일화의 바로 앞에는 그 섭공과의 또 다른 대화가 실려 있다.

섭공이 정치의 도리에 관해 묻자 공자는 말했다. "가까이에 있는 자들을 기쁘게 하여 멀리 있는 자들이 찾아오게 해야 한다."

눈 밝은 독자는 금방 알아차렸을 것이다. 공자는 사리를 말하고 있는 것이다. 일의 순서란 마땅히 가까운 데서 먼 데로 차근차근 나아가야 하기 때문이다. 이 두 가지 사례를 이해했다면 '학이 편'에 나오는 증자(曾子)의 다음과 같은 말은 이해하기가 쉽다.

부모님의 상을 삼가서 치르고 먼 조상까지도 잊지 않고 추모하면 백성의 덕이 두터운 데로 돌아갈 것이다.

즉 임금이 부모를 잘 모시고 돌아가셨을 때는 장례를 잘 치르고 그 후에도 제사를 잘 지내는 지극한 효를 다한다면 절로 백성들도 보고 배워서 백성 된 도리[民德=民道]를 튼실하게 하게 된다는 말이다.

세종의 지극한 통치의 출발점은 지극한 효심

먼저 이를 가장 잘 따른 경우로 조선의 세종을 살펴보자. 태종은 상왕으로 물러나 있으면서 새로운 임금 세종을 위해 그의 외척 제거를 결심한다. 그리고 그 일을 주도한 사람은 영의정 유정현(柳廷顯)과 좌의정 박은(朴訔)이다. 세종도 사람이기에 자신의 장인을 죽이고 처가를 멸문시킨 이 두 사람에 대한 원망이 없을 수 없다. 그러면 세종은 상왕 태종이 세상을 떠난 후에 이 두 사람을 어떻게 처리했을까? 유감스럽게도 박은은 태종이 세상을 떠나던 1422년(세종 4년)

5월 10일 바로 하루 전날 세상을 떠났다. 박은은 세종의 장인 심온 (沈溫)의 정치적 라이벌이었기 때문에 과연 좀 더 살았을 경우 세종이 어떻게 처리했을지 참으로 궁금한 인물이지만 단명하여 그 처리 결과를 볼 수는 없었다.

그러나 상왕이 세상을 떠난 후 유정현에 대한 처리를 보면 간접적으로나마 세종이 박은에게 어떻게 했을지 어느 정도 미루어 헤아려볼 수 있다. 결론부터 말하면 그 자리에 그대로 두었다. 1426년(세종 8년) 5월 그가 세상을 떠났을 때 실록은 오히려 세종이 "매우 슬퍼했다"고 기록했다. 물론 유정현은 조선의 상홍양(桑弘羊)으로 불릴 만큼 재정 분야에서 탁월한 능력을 발휘했다. 상홍양이란 한나라 무제 때의 인물로 일종의 중상주의를 통해 나라의 부를 크게 늘린 인물이다. 그렇다고 세종이 이런 능력을 쓰기 위해 자신의 원망을 숨긴 것은 아닐 것이다. 당시 세종의 마음은 『논어』 '학이 편'에 있는 다음과 같은 공자의 말을 통해 미루어 헤아려볼 수 있다.

"(어떤 사람을 관찰할 때에는) 그의 아버지 살아 계실 때는 그 아들의 뜻을 살피고 아버지가 돌아가신 경우에는 그가 하는 행동을 주의 깊게 지켜보아 3년이 지나도록 아버지가 살아 있을 때 보여준 도리를 조금도 잊지 않고 따른다면 그것은 효라고 이를 만하다."

그중에서도 특히 "3년이 지나도록 아버지가 살아 있을 때 보여준 도리를 조금도 잊지 않고 따른다면[三年 無改於父之道]"이 핵심이
삼년 무개 어 부지도

다. 그랬기에 세종이 즉위하기 전에 그에 대해 다소 부정적 시각을 보였던 사람들조차 기꺼이 마음을 열고 세종에게 충성을 다할 수 있었다. 대표적인 인물이 바로 황희(黃喜)와 이직(李稷)이다. 양녕대군의 폐세자를 결사반대했던 두 사람은 조정으로 돌아와 황희는 국정 전반, 이직은 특히 법률제도 정비에서 큰 업적을 이뤄 세종의 태평치세의 밑거름이 돼주었다.

당나라 숙종의 불효가 불러온 비극

『자치통감』에 따르면 당나라 숙종(肅宗)은 760년(상원(上元) 원년)에 양경(兩京-장안과 서안)을 평정하고 상황(上皇-당 현종)을 촉(蜀-사천성)으로부터 맞아들여 경사(京師-수도 장안)에 들어오자 흥경궁(興慶宮)에 거주하게 했다. 숙종은 대명궁(大明宮)에 머물고 있었는데 두 사람은 비밀 통로를 통해 서로 오갔다.

숙종을 모시던 내시 이보국(李輔國)은 특별한 공을 세워 총애를 굳힐 속셈으로 숙종에게 말했다.

"상황께서는 흥경궁에 거처하시면서 날마다 외부 사람들과 교통하고 있으며 진현례(陳玄禮-상황을 지키는 시위대장)와 고력사(高力士)(原註-오랫동안 현종을 모셨던 환관)가 폐하께 이롭지 못한 일을 꾀하고 있습니다."

숙종이 눈물을 흘리며 말했다.

"성황(聖皇-아버지 현종)께서는 자애롭고 어지신데 어찌 그 같은 일들을 받아들이시겠는가?"

이보국이 말했다.

"상황께서야 진실로 그 같은 마음이 없으시겠지만 주변의 여러 소인배들을 어찌하시겠습니까? 폐하께서는 마땅히 사직을 위한 큰 계책을 세우시어 아직 싹이 트지 않았을 때 난을 제거해야지 어찌 필부들의 효도만을 붙잡고 있을 수 있겠습니까? 또 흥경궁의 담은 얕고 다 드러나 있어 지존(상황)께서 마땅히 머무실 곳은 아닙니다. 이곳 대궐은 깊고 경계도 삼엄하니 맞아들여서 이곳에 머물게 하신다면 지금 흥경궁에 계시는 것과 무슨 차이가 있겠습니까? 게다가 (그렇게 하시면) 소인배들이 상황의 성청(聖聽)을 헷갈리게 하는 것을 막고 끊어버릴 수도 있으니 만일 이렇게만 하신다면 상황께서는 만세의 평안함을 누리게 되고 폐하께서도 삼조(三朝-하루 세 번 문안드린다는 뜻으로 주나라 문왕이 세자 시절 아버지 왕계에게 하루 세 번 문안드린 데서 나온 말이다. 지극한 효도를 의미한다)의 즐거움을 가질 수 있으니 무슨 해로울 일이 있겠습니까?"

이 무렵 상황은 이미 고력사에게 이런 걱정을 털어놓았다.

"내 아이(숙종)가 보국이에게 현혹되어 끝까지 효도를 할 수 없게 되었구나!"

이보국은 끝내 육군(六軍-경호를 맡은 금위군)을 통해 상황을 압박하고 또 황명이라고 속여서 결국 상황을 대명궁 서쪽으로 맞아오는 데 성공했다. 그러고는 장군들을 이끌고 가서 숙종에게 머리를 조아리며 자신들에게 죄를 내릴 것을 청했다. 그러나 숙종은 호통을 치기는커녕 여러 장수들에게 압박을 당해 오히려 그들을 위로하며 말했다.

"경들은 소인배들이 (나를) 미혹시키는 것을 걱정해서 사직을 편안하게 하려는 것이었는데 무엇을 두려워하는가?"

고력사는 무주(巫州-호남성)로 유배됐고 진현례는 황명에 따라 벼슬에서 물러났다. 상황은 이후 하루하루가 즐겁지 않았고 그로 인해 고기를 들지 않고 곡기마저 끊으니 결국 병이 되었다. 그리고 얼마 안 가서 상황이 붕(崩)했다. 숙종 또한 아버지가 죽은 해에 이보국이 자기 마음대로 황후를 죽이고 태자를 옹립하자 놀람과 두려움 속에 죽었다. 아버지와 아들이 같은 해인 762년에 세상을 떠난 것이다. '예를 모르는 사람은 제명에 죽지 못한다[不知禮者 非命橫死]'고
했던 그 말 그대로다.

이 사건에 대해 진덕수는 『대학연의』에서 이런 촌평을 남겼다.

대체로 간신들은 골육지친들을 서로 이간질하여 그들로 하여금 (친족의 의리를 버리고) 이해관계를 따르도록 만들고, 자신의 임금을 미혹시켜 의심을 품게 만들어 마음을 흔들어놓으니 어찌할 바를 모르고 임금은 자신을 지키기에만 급급해서 간신들이 파놓은 비밀스러운 함정에 빠지게 됩니다. 숙종의 죄는 바로 여기에 해당하는 것이니 아! 크게 경계해야 할 것입니다.

광해군 실패의 출발점, 인목대비 폐출

진덕수의 촌평은 지금 보게 될 광해군의 인목대비 폐출에도 그대로 적용된다. 아버지 현종이 잘못해 안녹산의 난이 일어나자 아들 숙종은 난을 평정하는 데 공을 세워 일찍 왕위에 오를 수 있었다. 정확한 비교는 아니지만 임진왜란 중에 위신이 땅에 떨어진 아버지를 대신해 광해군은 왕자로서 전쟁 수행에 큰 공을 세웠다는 점에서 당의 숙종과 여러 모로 비슷하다. 그러나 의심이 문제였다. 광해군의 '의심' 문제는 명지대 한명기 교수도 저서 『광해군』에서 명확하게 지적하고 있다. 광해군 초기 정국은 불안정했다. 연이은 역모 사건 발생이 그 징표였다. 이에 1612년(광해군 4년) 대북파의 이이첨(李爾瞻)은 선조 말기에 광해군의 즉위를 막으려 했다 하여 즉위하자마자 이미 죽인, 아버지 선조 때의 재상 유영경(柳永慶)의 시신을 파내 다시 목을 칠 것을 요구했다.

당나라 숙종의 마음을 이보국이 흔들었다면 조선 광해군의 마음은 이이첨이 흔들었다. 이어 선조의 적자이자 자신의 왕위를 위협할 수도 있는 어린 영창대군을 죽였다. 이런 연장선에서 1613년(광해군 5년) 5월 23일 대북파 이위경(李偉卿)이 "인목대비는 저주 사건을 일으키고 역모에 연결됐으니 어머니로서의 도리가 끊어졌습니다. 전하는 비록 대비와 모자 관계이지만 인목대비에게는 현저한 죄악이 있으니 종사(宗社)를 생각할 때 신하의 입장에서는 국모로서 대우하기 어렵습니다"라는 내용의 상소를 올렸다.

효의 문제가 국정의 최대 현안으로 떠올랐다. 장장 5년의 논란 끝에 폐비는 시키지 못했으나 1617년(광해군 9년) 서궁(西宮)에 대비를 유폐시켰다. 대북파는 이어서 폐비를 관철시키려 여론 몰이에 나섰고 당시 이에 가장 크게 반발한 세력은 바로 주자학에 철저했던 서인이었다.

1617년 폐모론이 거의 결정되려 할 즈음 병중에 있던 서인의 이항복은 주변 사람의 부축을 받들며 붓을 들어 다음과 같은 상소를 올렸다.

누가 전하를 위해 이러한 계획을 세웠습니까? 요순(堯舜)의 일이 아니면 임금께 진달하지 않는 것은 옛사람의 명백한 훈계입니다. 우순(虞舜)은 불행하여 사나운 아버지와 미련한 어머니가 항상 순(舜)을 죽이기 위해 우물을 치게 하고서 입구를 막아버렸고, 창고의 지붕을 수리하라 하고서 밑에서 불을 지르는 등 위태롭기가 이를 데 없었는데도 하늘을 향해 통곡하며 부모의 사랑을 받지 못한 것을 한탄하였을 뿐, 부모가 옳지 않은 점이 있다고 보지는 않았으니, 이는 진정 아비가 아무리 자애롭지 않더라도 자식으로서는 불효를 해서는 안 되기 때문입니다. 그러므로 『춘추(春秋)』의 의리에 자식이 어미를 원수로 여기는 의리가 없는 것입니다. 이제 바야흐로 효로써 국가를 다스려야 하는 때를 당하여 온 나라 안이 장차 차츰 교화될 가망이 있는데, 이러한 말이 어찌하여 임금의 귀에 들어갔단 말입니까? 지금의 도(道)는 순의 덕을 본받아 능히 효로써 화해시키고 차차로 다스려서 노여움을 돌려 인자함으로 변화시키는 것이 어리석은 신의 바람입니다.

이로 인해 그는 북청으로 유배를 떠나야 했고 이듬해 유배지에서 세상을 떠났다. 그리고 그가 죽은 지 정확히 5년 만인 1623년(광해군 15년)에 그의 제자 최명길 등이 주도한 인조반정이 일어나 광해군은 권좌에서 쫓겨났다. 반정의 정당성 여부는 별개로 하더라도 광해군의 불효와 폐출의 인과성은 사리로 볼 때 분명해 보인다. 이 또한 '예를 모르는 사람은 제명에 죽지 못한다[不知禮者 非命橫死]'의 전형적 사례다. 다만 그 명(命)이 당나라 숙종의 생물학적 생명과 달리 정치적 생명이라는 점에서 약간 차이가 있겠다. 광해군은 제주도로 옮겨져 천수(天壽)를 누리고 1641년(인조 19년) 67세로 세상을 떠났다.

부끄러움을 알고
구차하지 않게 살라

구차함에 대한 공자의 통찰

공자가 명시적으로 구차함[荀]의 문제를 제기한 것은 『논어』 '자로
편'에서다. 이를 통해 우리는 공자가 생각했던 구차함의 깊은 의미를
포착할 수 있다. 그 유명한 정명(正名)을 이야기하는 대화에서다.

자로가 물었다. "위(衛)나라 군주가 스승님을 모셔서 정치에 참여
시키려고 하니 스승님께서는 정치를 하시게 될 경우 무엇을 우선시
하시렵니까?"

공자는 말했다. "반드시 이름부터 바로잡겠다[正名]."

이에 자로가 말했다. "이러하시다니! 스승님의 우활하심이여! (그렇
게 해서야) 어떻게 (정치를) 바로잡으시겠습니까?"

이에 공자는 말했다. "한심하구나, 유여! 군자는 자기가 알지 못하는 것은 비워두고서 말을 하지 않는 법이다. 이름이 바르지 못하면 말이 순하지 못하고, 말이 순하지 못하면 일이 이루어지지 못하고, 일이 이루어지지 못하면 예악이 흥하지 않고, 예악이 흥하지 못하면 형벌이 알맞지 못하고, 형벌이 알맞지 못하면 백성들이 손발을 둘 곳이 없게 된다. 고로 군자가 이름을 붙이면 반드시 말할 수 있고, 말할 수 있으면 반드시 행할 수 있는 것이니 군자는 그 말에 있어 구차히 함[所苟]이 없을 뿐이다."
_{소구}

여기서 보듯이 정명(正名)이란 곧 그 말을 함에 구차스러움이 없는 것을 뜻한다. 그러면 구차스러움이 없다는 것은 무슨 뜻인가? 여기서 공자가 말한 형벌의 문제가 우리에게 시사를 던져준다. '위정(爲政) 편'에 그 답이 있다. 공자의 말이다.

"백성을 법령으로써 인도하고 형벌로써 가지런히 하면 백성이 법망을 면하려고만 하고 부끄러움이 없게 된다. 백성을 빼어남으로 인도하고 예로써 가지런히 하면 부끄러움을 알게 되고 또 감화될 것이다."

그렇다. "법망을 면하려고만 하고 부끄러움이 없는 상태[無恥]"가 바로 구차스러움이다. 반면에 부끄러움을 아는 것이 곧 불구(不苟)다. 결국 공자는 구차스러움이 없는 말을 통해 구차스럽지 않은 백성을 길러내는 것이 곧 다움에 의한 정치[德政], 곧 인정(仁政)이라
_{덕정}

70

여겼던 것이다. 그것을 공자는 '태백 편'에서 이렇게 정리한다.

"공손하되 예가 없으면[無禮] 수고롭고, 삼가되 예가 없으면 두렵
고, 용맹하되 예가 없으면 위아래 없이 문란해질 수 있고, 곧되 예가
없으면 강팍해진다. 임금이 친족들에게 돈독히 하면 곧 백성들 사이
에서 어진 마음과 행동이 자연스레 생겨나고, 또 (새로 등극한) 임금
이 옛 친구, 즉 선왕의 옛 신하들을 버리지 않으면 백성들은 구차한
짓을 하지 않는다[不偸=不苟]."

여기서 수고롭고 두렵고 문란해지고 강팍해지는 것 등이 각각 공
손, 삼감, 용맹, 곧음이 사리를 잃었을 때 나타나는 구차스러움이다.
이렇게 공자가 생각했던 비례 혹은 무례로서의 구차스러움을 이해할
때 우리는 역사 속 인물들의 행동을 좀 더 면밀하게 살필 수 있다.

구차함이 없는 삶을 살다 간 한나라 초의 주건

주건(朱建)은 초(楚)나라 사람으로 일찍이 그는 회남왕(淮南王) 경
포(黥布)의 재상을 지낸 적이 있었는데 죄를 지어 벼슬을 그만두었
다가 뒤에 다시 경포를 섬겼다. 경포가 반란을 일으키려고 할 때 주
건에게 물으니 주건은 그것에 반대했다. 경포는 그의 말을 듣지 않고
양보후(梁父侯)의 말을 듣고서 드디어 반란을 일으켰다. 한나라 고

조 유방은 이미 경포를 죽이고 난 다음 주건이 경포에게 반란을 일으키지 말라고 간언했다는 것을 듣고서 그를 죽이지 않고 평원군(平原君)의 칭호를 내려주고 가족을 장안으로 옮겨 살게 했다.

주건은 사람됨이 말재주가 좋고 준엄하고 청렴하며 굳세고 곧아 그의 행실은 구차하게 남의 비위를 맞추지 않았고 의리에 벗어나는 일은 용납하지 않았다. 벽양후(辟陽侯) 심이기(審食其)는 행실이 바르지 않았지만 여태후의 총애를 얻고 있었다. 실은 두 사람은 연인 관계였다. 심이기는 주건과 사귀고 싶어 했으나 주건은 그를 기꺼이 만나주려 하지 않았다. 주건의 어머니가 죽었을 때 집이 가난해 아직 장례도 치르지 못하고 마침 상복과 장례 도구를 빌리려 했다. 두 사람과 모두 친했던 육가(陸賈)라는 사람이 이에 벽양후를 찾아가 축하하며 말했다.

"평원군의 어머니께서 돌아가셨소."

벽양후가 말했다.

"평원군의 어머니께서 돌아가셨는데 어찌 나에게 축하를 하시오?"

육가가 말했다.

"예전에 그대는 평원군과 사귀려 했지만 평원군이 의리를 지키느라 그대와 사귀려 하지 않았는데 그것은 그의 어머니 때문이었소. (그런데) 지금 그의 어머니께서 돌아가셨으니 그대가 진실로 후하게 조문한다면 그는 당신을 위해 죽을 수도 있는 사람이오."

이에 벽양후는 조문을 가서 수의를 만드는 데 100금을 내니 열후와 귀인들도 벽양후가 하는 것을 보고서 평원군을 찾아가 부의를 냈는데 모두 500금에 이르렀다.

얼마 후에 어떤 사람이 벽양후를 헐뜯자 혜제(惠帝)가 크게 노해 옥리에게 넘겨 벽양후를 죽이려 했다. (그러나) 태후는 부끄러워서 말을 할 수 없었다. 벽양후와의 은밀한 관계 때문이었다. 대신들은 대부분 벽양후의 행실을 미워했기 때문에 끝내 그를 죽이려고 했다. 그래서 벽양후는 사태가 급박해지자 사람을 보내 주건을 만나려고 했다. 주건이 사양하며 말했다.

"재판이 임박해 있어 감히 그대를 만날 수 없습니다."

그러나 주건은 따로 은밀하게 혜제의 총신 굉적유(閎籍孺)를 찾아가 설득하며 말했다.

"당신이 황제의 총애를 받고 있다는 것을 천하에 모르는 사람이 없소. 그런데 지금 벽양후가 태후에게 총애를 받았다고 해서 형리에게 넘겨졌고 길거리의 사람들은 모두 당신이 중상해서 그를 죽이려 한다고 말하고 있소. 지금 벽양후가 죽임을 당한다면 일단은 태후께서 분노를 감추시겠지만 결국에는 역시 당신을 죽일 것이오. 그런데 어찌해 당신은 옷을 벗어 어깨를 드러내놓고 벽양후를 위해 제(帝)께 용서를 부탁하지 않는 것이오? 만일 제께서 당신의 청을 듣고 벽양후를 풀어준다면 태후께서 크게 기뻐하실 것이오. 그렇게 된다면 제와 태후 두 분께서 모두 당신을 총애할 것이니 당신은 부귀가 더욱 늘어날 것이오."

모친상 때의 고마움을 잊을 수 없었던 것이다. 그 계책을 따라 제에게 진언하니 제는 과연 벽양후를 풀어주었다. 벽양후는 감옥에 끌려갈 때 주건을 만나려 했으나 주건이 만나주지 않자 자기를 배반한 것으로 여기고 크게 화를 냈다. 그러나 주건이 계책을 성공시켜 나오게 해주자 크게 놀랐다고 한다.

여태후가 붕(崩)하자 대신들은 여러 여씨 일족을 죽였는데 벽양후는 여러 여씨들과 지극히 가까웠음에도 불구하고 끝내 주살되지 않았다. 계책을 세워 몸을 보전할 수 있게 해준 것은 다 평원군의 힘 덕분이었다.

여후의 뒤를 이은 효문제 때 회남(淮南)의 여왕(厲王)이 벽양후를 죽였는데 이는 여러 여씨들과 당여를 맺은 때문이었다. 효문제는 벽양후의 빈객인 평원군이 그 계책을 세웠다는 것을 듣고 옥리에게 평원군을 체포하게 해 그 죄를 다스리려고 했다. 옥리가 집에 도착했다는 말을 듣고 주건은 자살하려고 했다. 이에 여러 아들들이 모두 말했다.

"일을 아직 알 수 없는데 어찌해서 자살하려 하십니까?"

주건이 말했다.

"내가 죽으면 재앙이 끊어져 화가 너희들 몸에까지 미치지 않을 것이다."

마침내 자신의 목을 찔렀다. 문제가 이 소식을 듣고서 안타까워하며 말했다.

"나는 주건을 죽일 뜻이 없었다."

실제로 문제는 주건의 자식들에게 벼슬을 내려주었다. 주건의 구

차스럽지 않은 처신이 없었다면 불가능했을 일이다. 주건은 사리를
아는 사람이었다.

공무, 이름과 실상이 달랐던 김여석

김여석(金礪石)은 세조 때 문과에 급제해 병조 좌랑, 사헌부 집의,
사간원 사간, 승정원 도승지, 이조참의, 충청도 경상도 강원도 관찰
사를 거쳐 대사헌을 지냈고 형조판서에 올랐다가 1493년(성종 24년)
49세의 나이로 세상을 떠났다. 조금 일찍 세상을 떠나기는 했지만
외형적으로 보자면 이른바 출세한 인물이라 할 수 있다. 그런데 그
가 죽고 조정에서 시호를 내렸는데 공무(恭繆)였다. 공(恭)은 그렇
다 쳐도 무(繆)는 그 자체로 대단히 부정적이다. 시호법에 따르면 '부
지런히 지위를 구한 것을 공(恭)이라 하고 이름과 실상이 다른 것을
무(繆)라고 한다'라고 했다. 그의 49년 삶을 이 두 글자로 요약한 이
유는 뭘까?

세상을 떠나기 2년 전인 1491년(성종 22년) 2월 11일 강원도 관찰
사로 재직하던 김여석은 뜬금없이 성종에게 전문(箋文)을 올렸다.
전문이란 왕실에 길흉사(吉凶事)가 있을 때 위로 차원에서 올리는
글이다. 글의 일부다.

천심(天心)은 인애(仁愛)하기에 하늘에서 내리는 것이 조짐이 있으

며, 성덕(聖德)이 환하게 밝아서 감응하는 것이 간격이 없습니다. 도리는 진실로 아래위에서 나타나므로 이치는 아주 적은 것이라도 어긋나는 것이 없습니다. 삼가 생각건대 위(位)를 지키는 것을 인(仁)이라 하니 상제(上帝)의 법칙에 순응하고 양의(兩儀-음과 양)에 참여해 만물을 양육했으며, 도리는 생성(生成)하는 데 흡족하므로 칠정(七政-해와 달과 다섯 행성)을 가지런히 해 농사짓는 절후를 잃지 않게 하셨으니 공로는 (천지의) 조화(造化)와 짝할 만합니다. 지난번 성문(星文-별자리)이 연속해서 견책을 보이므로 인사(人事)에 혹시라도 차질이 있는가 깊이 근심하시어 책임을 지고 자신을 나무라시는 것이 번번이 조서에 나타났으며, 반찬의 가짓수를 줄이고, 정전(正殿)을 피해 깊은 연못가에 다다른 듯 얇은 얼음 위를 건너는 듯 조심하셨으며, 칙명(勅命)은 기틀을 생각했으되 한결같은 마음으로 근심하고 부지런히 하기를 정밀하게 했고 하늘에 순응하기를 성실로써 하되 모든 신하들이 수양하고 보필하도록 경계했으며, 종일토록 조심하시니 그 정성은 마음속에서 우러났으며 날로 임감(臨監)하여 여기에 계시니 재앙은 위에서 사라졌습니다. 그래서 하늘과 사람이 함께하는 것을 증험하였고, 조정과 민간에서 같이 기뻐하는 것을 알았습니다.

이 글이 올라오자 성종은 처음에는 "경계하도록 진술한 뜻이 참으로 가상하다"고 했다. 그러나 사헌부에서 즉각 김여석을 국문할 것을 청했다.

강원도 관찰사(江原道觀察使) 김여석이 올린 전문은 오로지 아첨하는 말만 늘어놓아 구차스럽게 성상(聖上)의 뜻만 즐겁게 하고, 한마디도 조정의 득실(得失)과 민간의 병 되고 고달픈 데 대해서 언급한 것은 없었습니다. 이와 같이 망령된 말을 만약 가상하게 여기고 포상한다면 일식(日蝕), 월식(月蝕)과 겨울에 천둥이 치고 여름에 서리가 내리더라도 중앙이나 지방의 신민(臣民)들이 모두 전문을 올려하례(賀禮)할 것입니다. 그 실정을 추국해 중앙과 지방으로 하여금성상께서 아첨하는 것을 즐겁게 여기지 않는다는 것을 환하게 알도록 하소서.

이때도 성종은 김여석을 거들었다. 어느새 성종은 아첨을 즐기고 있었던 것이다. 재상들에게 의견을 물었더니 재상들은 성종 편을 들었다. 그러나 그날 사관은 이렇게 평하고 있다.

김여석은 과장하여 말하기를 좋아하며 은혜 베풀기를 힘쓰고 정도(正道)를 어겨가며 명예를 구하는 것을 날로 일삼았다. 그가 올린전문은 하례하는 듯하기도 하고 경계하는 듯하기도 해 임금의 총명으로 하여금 자기 성명(姓名)을 기억하게 하려고 하였으니 대간(臺諫)이 아첨을 바쳤다는 것으로 탄핵한 것이 당연하다.

결국 성종이 귀 밝고 눈 밝은[聰明] 임금인지의 여부는 그 후 김
총명
여석을 어떻게 대우했는지에 따라 갈린다. 같은 해 12월 김여석은

대사헌에 오른다. 명백한 승진이다. 이 점에서 성종은 총명한 임금은 아니었다.

구차스러움이 통하는 세상은 분명 밝은 세상은 아니다. 그래서 김여석이 죽었을 때 사관의 평은 신랄하다.

김여석은 젊어서부터 총혜(聰慧)해 사후(伺候-윗사람을 살펴 섬기기)를 잘하고 청탁하기를 좋아했으며, 세상의 명예를 곡진히 꾀해 승낙한 일의 시행을 지체하지 않았다. 일찍이 병조 좌랑이었을 때에는 남의 뜻을 따르기를 힘써 얼른 들어주지 않는 일이 없었으므로 군사들이 모두 칭찬했다. 드디어 재능이 있다는 이름이 있어 화요(華要)한 벼슬을 지내고 고현(高顯)한 지위에 갑자기 올랐다. 성품이 탐욕스럽고 비루하며 간사하고 아첨을 잘했으며, 임금의 뜻을 잘 헤아려 알아서 이리저리 잘 적응해 은우(恩遇)를 바랐다. 늘 서간을 쓰되 나는 듯이 붓을 휘둘러 잠시 사이에 수십 장을 써서 사리(私利)를 꾀했다. 남의 질병이나 상조(喪弔)를 당하면 반드시 다 친히 갔으므로 붙좇는 자가 많았다. 무릇 남에게 요구했다가 응하지 않으면 곧장 화를 냈다. 집이 대대로 가난하고 검소했으나 갑자기 부유해졌다. 평소에는 거마(車馬)가 거리를 메웠으나 졸(卒)하자 문에 조객(弔客)이 없었다.

따라서 구차함이 통하는 시대를 구차스럽게 살지 않는다는 것은 분명 쉬운 일은 아니었을 것이고 지금이라고 크게 다르지도 않다.

그저 가진 것을 잃지 않으려 비루하게 살 것인가?

순자가 말하는 구차함, 공자가 말하는 비루함

예와 구차함이 없음[不苟]의 문제를 조금 더 살펴보자. 『순자』 '예론(禮論) 편'에 이런 말이 나온다.

> 사람이 구차스럽게 삶만을 구한다면 반드시 죽게 될 것이다. 구차스럽게 이익만을 찾는다면 반드시 손해를 볼 것이다. 구차스럽게 게으름 피우고 놀고먹는 것을 편안하게 여긴다면 반드시 위태로워질 것이다. 구차스럽게 감정의 쾌락만을 즐거움으로 삼는다면 반드시 멸망할 것이다.
>
> 그래서 사람이 사리와 의로움[禮義]에 입각해 한결같이 한다면 두 가지를 다 얻게 되고 감정에만 내맡길 경우 두 가지를 다 잃게 된다.

(진정한) 유자(儒者)란 사람들로 하여금 이 두 가지를 다 얻게 해주는 사람이다.

즉 지난번에는 예, 즉 구차함이 없음에 초점을 맞췄다면 이번에는 구차함 혹은 구차스러움이 뭔지를 파고들 차례다. 『논어』 '양화(陽貨) 편'에서 공자는 정곡을 찌른다.

"비루한 사람[鄙夫]과 함께 임금을 섬기는 것이 과연 가능할 수 있을 것인가? (벼슬을) 얻기 전엔 그것을 얻어보려고 걱정하고, 이미 얻고 나서는 그것을 잃을까 걱정한다. 정말로 잃을 것을 걱정할 경우 (그것을 잃지 않기 위해) 못하는 짓이 없을 것이다[無所不至]."

무소부지(無所不至)는 엄격히 풀이하면 도달하지 못할 곳이 없다는 말인데 즉 자신의 것을 지키기 위해서라면 물불 안 가리고 못할 짓이 없다는 뜻이다. 『논어』에서 예가 있는 사람과 없는 사람을 나누는 척도 중의 하나인 유소불위(有所不爲), 무소불위(無所不爲)와 그대로 통한다. 뭔가 하지 않는 바가 있는 사람이 예를 아는 사람[知禮者]이고 못할 것이 없는 사람이 예를 알지 못하는 사람[不知禮者]이다. 여러 차례 반복하지만 공자는 '부지례자(不知禮者) 비명횡사(非命橫死)'라 했다.

조선의 대표적인 비부 진복창

조선 시대 중종과 명종 시대를 살다 간 진복창(陳復昌)이란 인물의 생애는 비루함이 무엇인지를 보여주기에 충분하다. 진복창은 1535년(중종 30년) 문과에 장원으로 급제해 화려하게 벼슬길에 들어섰다. 이듬해 봉상시 주부라는 하급 관리에 임명됐는데 실록의 사관은 그에 대해 이미 부정적인 평을 남기고 있다. 말단 관리에 대해 사관이 평을 실었다는 것 자체가 이례적이다. 1536년(중종 31년) 3월 21일자 실록이다.

김안로가 권세를 휘두를 때 이팽수(李彭壽)가 봉상시 참봉이었는데 김안로가 개고기 구이를 좋아하는 줄 알고 날마다 개고기 구이를 만들어 제공하며 마침내 김안로의 추천을 받아 청현직(清顯職)에 올랐다. 그 뒤에 진복창이 봉상시 주부가 돼서도 개고기 구이로 김안로의 뜻을 맞추어 온갖 요사스러운 짓을 다 하는가 하면, 매번 좌중(座中)에서 김안로가 개고기를 좋아하는 사실까지 자랑삼아 설명했으나 오히려 크게 쓰이지 못했으므로, 남의 구미(口味)를 맞추어 요행을 바라는 실력이 이팽수만 못해서 그랬다고 말하는 이도 있었다.

그 후 진복창은 중종 시대 때에는 줄곧 사헌부 관리로 남아 있었다. 크게 나쁘지 않은 상황이었다고 할 수 있다.

명종 시대가 열리고 명종의 외삼촌 윤원형이 권세를 휘두르는 시절이 찾아왔다. 그냥 있을 진복창이 아니었다. 공자의 말대로 "이미 얻고 나서는 그것을 잃을까 걱정한다"는 단계에 접어든 것이다. 1546년(명종 원년) 4월 26일 진복창은 사헌부 장령(정4품)에 오르는데 이때도 특이하게 사관의 평이 실려 있다.

진복창이 스스로 하료(下僚)에 침체되고 있는 것을 한스럽게 여기고 현달하는 길로 나가려는 꾀를 달성하기 위하여 당시 득세한 무리들에게 붙어서 온갖 방법으로 매달린 끝에 얻어내고야 말았다. 헛된 명예가 전파되자 식자들은 그 간교(奸巧)함이 말할 수 없어서 끝내는 반드시 나라를 그르치고 말 것이라는 것을 알면서도 그를 추천한 자가 많아서 필경 막지를 못하고 드디어 풍헌(風憲)을 맡는 자리에 들어가게 된 것이다. 이로부터 그는 교만하게 한세상을 살면서 인물(人物)을 해치는 데 조금도 꺼리는 바가 없었다. 그러나 사람들은 그의 해독이 무서워서 감히 입을 열지 못했다.

훗날 그가 죽었을 때 사관은 그를 '독사(毒蛇)'라고 불렀는데 실제로 명종 때 진복창이 보인 행적을 추적해 보면 오히려 '독사'라는 별명도 칭찬에 가까울 정도다. 그는 사헌부와 사간원의 요직을 오가며 정적을 무자비하게 탄핵하고 퇴출시켰다. 그 뒤에는 윤원형이라는 당대 실세가 든든하게 버티고 있었다. 이후에도 홍문관 응교와 부제학을 거친 진복창은 1548년(명종 3년) 2월 3일 마침내 사간원의 최고위직인 대사간에 오른다. 당시 실록의 사관은 "진복창은 권간(權

奸) 이기(李芑)의 심복이 되어 그들의 지시에 따라 선한 사람을 마구 공격했는데 그를 언론의 최고 책임자로 두었으니 국사(國事)가 한심스럽다"고 평하고 있다. 이기는 윤원형의 최측근이다. 그해 4월 19일 대사헌 구수담이 당대의 실력자인 좌의정 이기의 부정부패를 정면으로 탄핵하고 나섰다. 구수담은 사림으로 내외의 신망이 두터운 인물이었고 진복창도 구수담에게 학문을 배운 바 있다. 이때 대사간인 진복창도 구수담을 거들고 나섰다. 한때는 이기에게 빌붙어 영화를 누렸지만 이기가 윤원형의 견제를 받기 시작하자 미련 없이 배반한 것이다.

1549년(명종 4년) 5월 진복창은 홍문관 부제학을 거쳐 마침내 대사헌에 오른다. 사람을 죽이고 살리는 자리를 맡은 것이다. 진복창은 대사간 때도 그랬지만 대사헌이 되어서도 적시에 여러 차례 사의를 표명하며 강직함을 과시했다. 문정왕후는 말할 것도 없고 명종도 여차하면 미련 없이 사직서를 내던지는 진복창의 이런 제스처에 감복하지 않을 수 없었다. 사심이 없는 신하라고 오판했던 것이다. 진복창의 권력욕은 그칠 줄을 몰랐다. 당시 병조판서 이준경은 윤원형도 함부로 못할 만큼 내외의 큰 신망을 얻는 인물이었다. 마침 사는집도 가까워 진복창은 이준경과 친해지려고 무진 애를 썼다. 한번은 이준경의 친척인 이사중이 잔치를 베풀었는데 진복창이 이준경의 곁에 앉게 되었다.

이때 진복창은 술에 취해 이준경에게 "왜 구수담이 나를 저버렸는가?"라며 원망의 말을 했다. 이준경과 구수담은 아주 가까운 사이였다. 그런데 이날 잔치에 구수담의 며느리 집 여종이 일을 거들기 위해 왔다가 진복창이 하는 이야기를 엿듣고 구수담에게 전하였다. 이에 구수담은 "조만간 나에게 큰 화가 닥칠 것"이라고 걱정했고 얼마 지나지 않아 실제로 구수담은 진복창의 모함에 걸려 목숨을 잃게 된다. 게다가 뒤늦게 구수담이 자신이 한 말을 알게 되었다는 것을 전해 들은 진복창은 필시 이준경이 그 말을 흘린 것으로 단정하고 이준경까지 미워하게 되어 결국 이준경도 형 이윤경과 함께 일시적이나마 병조판서에서 쫓겨나 귀양살이를 해야 했다. 공자의 말대로 "정말로 잃을 것을 걱정할 경우 (그것을 잃지 않기 위해) 못하는 짓이 없을 것이다[無所不至]"라는 단계에 이른 것이다.

무 소부지

그러나 과유불급(過猶不及)이라 했던가? 과(過)도 구차함이다. 과공비례(過恭非禮)가 전형적이다. 사림의 존경을 받고 있던 사람들이 진복창의 공작에 의해 화를 입게 되자 홍문관 직제학 홍담을 비롯한 뜻있는 젊은 신료들이 들고일어났다.

이것이 계기가 돼 그동안 진복창의 손발 노릇을 하던 사헌부, 사간원까지도 돌아섰고 조정 대신도 진복창을 멀리 내쳐야 한다는 의견을 계속해서 올렸다. 그러나 문정왕후의 통제하에 있던 명종은 한사코 "진복창은 강직하고 나라를 위하는 신하"라며 감싸려고 했다. 그러나 현실 정치가이기도 했던 윤원형은 진복창을 더 이상 보호하다가는 화가 자신과 누님 문정왕후에게도 미칠 것을 예감하고 진복창을 삼수로 유배 보냈다. 삼수갑산 하는 그 삼수다. 얼마 후 그곳에서 진복창은 젊은 나이로 생을 마쳤다. 비명횡사한 것이다.

역은 알아도 사리를 몰랐던 한나라 경방

경방(京房)은 역(易)을 배웠고 양(梁)나라 사람 초연수(焦延壽)를 섬겼다. 그런데 초연수는 평소에 늘 이렇게 말했다.

"나의 도리를 배워서 그 때문에 자기 몸을 망칠 자는 분명 경생(京生-경방)이다."

초연수의 학설은 특히 재변에서 뛰어났는데 이는 『주역』의 64괘(卦)를 배분해 다시 하나의 효(爻)를 하루에 해당시켜 바람, 비, 추위, 더위를 짚어보는 것으로 각각에는 점의 징험이 있었다. 경방은 그 방법을 쓰는 것이 훨씬 더 정교했다.

영광(永光-한나라 원제(元帝) 때의 연호, 기원전 43년~기원전 39년), 건소(建昭-한나라 원제 때의 연호, 기원전 38년~기원전 34년) 연간에 서강(西羌)이 반란을 일으키고 일식이 일어났으며 또 태양이 오랫동안 푸른색이면서도 빛이 나지 않았고 흐리고 안개가 끼어 날씨가 맑지 않았다. 경방이 여러 차례 소를 올려 장차 이런 일이 일어날 것임을 미리 앞서서 말한 바가 있었는데 가깝게는 수개월, 멀게는 1년 정도면 그의 말이 여러 차례 적중하니 천자는 이에 감복했다. 여러 차례 불러서 만나보며 물었는데 이에 경방은 다음과 같이 대답했다.

"옛날의 제왕들은 공로가 뛰어난 이를 들어 쓰니 만 가지 일들이 다 성취되고 상서로운 호응이 나타났는데 말세에는 비방을 받는지 칭찬을 받는지를 가지고 사람을 쓰니 공로와 업적은 폐기돼 재이가 나타나게 되는 것입니다. 마땅히 백관으로 하여금 각자 그 공로를 시험해 보게 한다면 재이는 멈출 수 있을 것입니다."

이때 중서령(中書令) 석현(石顯)이 권세를 제 마음대로 하고 있고 [顯權=用事] 석현의 친구 오록충종(五鹿充宗)이 상서령(尙書令)이
전권   용사
었는데 경방과 같이 『주역』을 공부한 사람으로 이를 논의하면서 서로를 비난했다.

애초에 회양헌왕(淮陽憲王)의 외숙인 장박(張博)이 경방에게 수학하고는 딸을 경방에게 시집보냈다. 경방이 매번 조회에서 상을 뵙고 물러나오면 번번이 장박에게 그 말을 전했다. 그래서 장박은 상의 뜻은 경방의 의견을 쓰려고 하는 것인데 여러 신하들은 그것이 자신들에게 해롭다고 여겨 싫어했기 때문에 많은 사람들에게 배척을 당하고 있다고 생각했다. 장박이 말했다.

"회양왕은 상의 친동생으로 사람됨이 민첩하고 통달하며 정치를 좋아해 나라를 위해 충성을 하고 싶어 하네. 그런데 지금 왕에게 글을 올리게 해 입조할 것을 요구하게 한다면 자네에게 도움이 될 것이야."

경방이 말했다.

"불가능하지 않을까요?"

장박이 말했다.

"전에 초왕(楚王)은 입조해 선비를 추천했는데 뭘 못하겠는가?"

장박은 경방의 다양한 재이의 학설을 적고서 경방으로 하여금 회

양왕이 올릴 상주문의 초안을 짓게 해 그것을 회양왕에게 주었다. 석현은 몰래 이 모든 것들을 알아차리고서도 경방이 주상과 가까웠기 때문에 감히 아직은 발설하지 않고 있었다. 경방이 도성을 떠나 군의 태수로 나가게 되자 석현은 경방과 장박이 서로 통모(通謀)해 정치를 비방하고 나쁜 일을 천자의 탓으로 돌리며 제후왕을 속여 오도했다고 고발했다. 역공을 당한 것이다. 결국 경방과 장박은 모두 기시됐다. 경방이 죽었을 때 나이 41세이었다.

『한서』를 지은 반고는 이런 경방에 대해 다음과 같은 평가를 남겼다.

경방은 구차스럽게 총애를 얻기는 했으나 일의 얕고 깊음을 헤아리지 못하고 위태로운 말로 기롱을 하다가 강한 신하들에게 원망을 품게 만들어 큰 죄가 아니었음에도 결국 주도면밀하지 못해 몸을 잃었으니 슬프도다!

반고의 평을 곱씹어야 하는 이유는 "주도면밀하지 못해 몸을 잃었다"는 말 때문이다. 이 말은 바로 경방이 그토록 파고들었던 『주역』 '계사전'에 나오는 말의 일부이기 때문이다.

임금이 주도면밀하지 못하면[不密] (훌륭한) 신하를 잃고[失臣] 신
　　　　　　　　　　　불밀　　　　　　　　　　　　　실신
하가 주도면밀하지 못하면 몸을 잃는다[失身].
　　　　　　　　　　　　　　　　　실신

정도전의 동생 정도복이 보여준 사리분별

다시 조선으로 돌아가자. 1409년(태종 9년) 8월 19일의 일이다. 정도복(鄭道復)을 인녕부 사윤(仁寧府司尹-조선 시대 경흥부(敬興府) 경승부(敬承府) 등에 두었던 정3품 벼슬)으로 삼았다. 정도복은 정도전의 아우인데 바야흐로 정도전이 나랏일을 맡아 그 세력이 조야(朝野)를 누를 때에 (그 아우) 정도복을 불러 서울에 오게 하니 정도복이 사양하며 말했다.

"세력과 지위는 오래가기 어려우니 믿을 수 없는 것입니다. 또 우리는 한미한 가문인데 영화(榮華)가 이미 지극합니다. 다시 무엇을 바라겠습니까? 마땅히 낚시질하고 밭을 갈며 내 천년(天年)을 마치겠습니다. 청컨대 형(兄)은 (저를 부르느라) 번거롭게 하지 마소서."

뒤에 정도복은 (경상도) 성주(星州) 유학 교수관(儒學敎授官)이 되어 7년이나 있어 오래되었으므로 부름을 받았다.

인명(人命)은 하늘에 달렸다 했지만 구차함의 문제를 파고들다 보면 인명은 오히려 사리(事理), 즉 예를 아는가 모르는가에 달려 있는 때가 더 많은 것 같다.

2장 사람 사이에는 지켜야 할 것이 있다

시리분별 니를 디스리는 거 먼조디

처음을 삼가고 끝도 삼가라

말의 유려함이 아닌 행동의 마땅함을 보라

리더의 혼매함을 경계하라

사람의 일에 있어 그 출발점은 효다

부끄러움을 알고 구차하지 않게 살라

그저 가진 것을 잃지 않으려 비루하게 살 것인가?

사람 사이에는 지켜야 할 것이 있다

리더는 일을 통해 사람을 볼 줄 알아야 한다

'위를 범하려는 마음은 비례, 무례, 결례의 뿌리다

어떻게 일을 다스릴 것인가?

사람 사이에 가고 오는 것을 중요히 여겨라

자랑을 하는 것은 배 자신을 낮추어라

큰 공로를 세울수록 몸을 낮추어라

일과 사람을 동시에 얻는 법

육척 고아를 맡길 만한 사람을 골라라

힘을 읽는 눈은 사리분별의 첫걸음이다

설익은 곧음이 오히려 화를 부른다

직언에도 비결이 있다

신뢰를 얻지 못한 간언은 비방이다

뛰어난 리더도 간교한 부하들에게 속아 넘어갈 수 있다

상도 너머에 권도가 있다

곧음은 난세를 잘 살아내는 일의 이치다

리더는 일을 통해
사람을 볼 줄 알아야 한다

사람을 살펴보는 아홉 가지 덕목

중국에서는 전통적으로 사람을 살필 때 그 사람의 다움[德]이 그 사람이 맡게 될 일[事]과 어울리는지를 집중해서 보았다. 공로가 있는 사람에게는 재물 등으로 상을 주되 자리를 맡겨서는 안 된다고 했던 것도 이런 정신에서 나온 것이다. 이럴 경우 다움의 유형을 가장 효과적으로 제시한 인물로 순임금과 우왕 때의 재상 고요(皐陶)[6]를 든다. 『서경(書經)』 '고요모(皐陶謨)'를 보자. 모(謨)란 모(謀)와 같은 뜻으로 계책이나 꾀를 의미한다.

---

[6] 순임금 때에 형법(刑法)을 관장하던 이관(理官)이 되었는데 그의 벼슬은 사(士), 사사(士師), 대리관(大理官), 구주목(九州牧) 등이었다.

고요가 말했다. "훌륭하십니다. 행실에는 모두 아홉 가지 다움[九德]이 있습니다. 어떤 사람이 가진 다움을 총괄해서 말할 때 이는 곧 그 사람이 구체적으로 어떤 일[載=事]을 행하였다고 말하는 것입니다."

우왕이 물었다. "그 아홉 가지라는 게 무엇이냐?"

이에 고요가 답했다. "너그러우면서 엄정하고[寬而栗], 부드러우면서 꼿꼿하고[柔而立], 삼가면서 공손히 하고[愿而恭], 다스리는 능력이 뛰어나면서 경외하는 마음을 잃지 않고[亂而敬], 순하면서 과단성이 있고[擾而毅], 곧으면서 온화하고[直而溫], 털털하면서 예리하고[簡而廉], 굳세면서 독실하고[剛而塞], 힘이 세면서도 의리에 맞게 행동하는 것[彊而義]입니다. 이 같은 다움이 오랫동안 이어지는 사람을 드러내어 쓴다면 길할 것입니다."

이에 대해 진덕수는 『대학연의』에서 이렇게 풀이했다.

고요는 말하기를 "사람을 아는 것이 진실로 쉬운 일은 아니지만 그럼에도 그것은 다움[德]으로써 그것을 추구하는 것일 뿐이다"라고 했습니다. 다움이 있으면[有德] 군자가 되고 다움이 갖춰지지 못하면 소인이 되는 것입니다. 이것이 바로 사람을 아는 것의 핵심 요체입니다.

(또) 사람의 행실에는 모두 아홉 가지 다움[德]이 있다고 합니다. 우리가 어떤 사람이 다움을 갖고 있다고 말할 때 이는 반드시 그 사

람이 일을 행하는 것[行事]이 어떠한지를 살피는 것입니다. 무릇 다움이라는 것은 일의 근본이고 일이라는 것은 다움이 베풀어진 것일 뿐입니다. 그래서 많은 사람들은 "다움은 있는데 일은 제대로 하지를 못한다"고 말하지만 그렇게 되면 그 다움이라는 것은 실은 허망한 말일 뿐입니다. 이 또한 바로 사람을 아는 것의 핵심 요체입니다.

'너그러우면서 엄정함[寬而栗]'부터 그 이하 아홉 가지 다움[九德]이 어떤 때는 굳셈[剛]으로 부드러움[柔]을 보완하고 어떤 때는 부드러움으로 굳셈을 보완하는 식으로 혼연일체가 되어 어느 하나 버릴 것이 없게 된 연후에야 다움이 이루어지고 또 그러한 다움이 이루어졌는지 여부와 그 사람의 능력의 우열을 판단할 수 있습니다. 이 또한 바로 사람을 아는 것의 핵심 요체입니다.

선배 유학자는 말하기를 "너그러움부터 강함까지 앞쪽의 것은 모두 (하늘로부터) 부여받은 바 성품이고 엄정함에서 의리에 맞춤까지 뒤쪽의 것은 곧 배우고 묻는[學問] 공력"이라고 했습니다(앞뒤란 구덕(九德)을 이루는 ○而○의 앞뒤 자를 말한다). 이 설이 맞다면 다움을 갖춘 사람은 또 오래 지속함[常=久=恒=長]과 변하지 않음[不變]을 귀하게 여겨야 합니다. 만약에 잠시 동안만 힘쓰고 오랫동안 그것을 유지하지 못한다면 이는 진실로 다움이 있다고 말하기에 부족할 것입니다.

그래서 공자도 "사람으로서 오래가는 마음[恒=恒心]이 없으면 점이나 의술로도 고칠 수 없다"고 (『논어』'자로 편'에서) 말한 것이니 만일 임금이 제대로 오래 지속하는 마음을 가진 선비를 드러내어 쓴다

면[顯用] 이는 나라에 큰 복이 될 것입니다. 그래서 고요는 말하기를
"이 같은 다움이 오랫동안 지속되는 사람을 드러내어 쓴다면 길할 것
입니다[彰厥有常吉哉]"라고 했던 것입니다. 오래 지속함[常=恒=久]
이 있는지 없는지를 사람 보는 척도로 삼을 경우, 오래 지속하는 자
는 군자요 오래 지속할 수 없는 자는 소인이 되는 것이니 이 또한 바
로 사람을 아는 것의 핵심 요체입니다.

그렇지만 사람이 아홉 가지 다움을 갖추려 나아가더라도 그 아홉
가지를 모두 갖출 수는 없고 혹 그중 세 개를 혹 그중 여섯 개를 가
진 사람이 있을 수 있습니다. 그래서 오직 임금만이 사람을 잘 씀으
로써 세 개의 다움을 가진 자를 날마다 더욱 펴주어서 침체함이 없
게 해준다면 그 사람은 아침저녁으로 엄히 자기와 남을 다스리게 되
어 대부(大夫)의 직책을 맡아서 빛나고 밝게[光明] 해낼 수 있을 것
입니다. 또 여섯 개의 다움을 가진 자를 날마다 더욱 엄정하고 삼가
게 만들어서 매사를 소홀히 하거나 거만하게 처리하지 않도록 해준
다면 그 사람은 매사 엄밀하고 밝아져서 제후의 직책을 맡아서 두루
막힘이 없이 해낼 수 있을 것입니다.

세상에 아무런 재주도 타고나지 않은 사람은 없으니 윗사람이 담
금질하고 갈아줌으로써[淬礪=淬勵] 그를 일으켜준다면 아랫사람 역
시 정신을 깨끗이 씻어냄으로써[澡雪] 그에 응할 것입니다. 만일 아
랫사람이 그리하지 않는다면 그의 정신은 퇴락하고 혼탁해질 것이니
어찌 빼어나고 밝으며 맑고 깨끗한 기상을 가질 수 있겠습니까?

그리고 세 개의 다움을 가진 사람은 대부가 될 수 있고 여섯 개의

다움을 가진 사람은 제후가 될 수 있다고 한 것은 대체적으로 그러하다는 말이지 반드시 그 숫자에 구애된다는 것은 아닙니다. 천자야말로 한 시대에 인재를 길러내는 최고의 책임자[宗主]입니다. 아홉 가지 다움 중에서 만일 한 개만 가졌다 하더라도 본인이 (내용과 성질이 다른 것들을) 전부 받아들여 아울러 보존하고[兼收竝蓄] 잘 나눠서 넓게 펴고 사람들이 가진 각각의 장점을 잘 따르면서 일에 적합하게 그것을 베푼다면 백관은 모두 현능해질 것이고 이 점을 서로 보고 배우며 백공은 모두 잘 다스려져서 그 일마다의 마땅한 때[時]를 잃는 일이 없을 것입니다.

여기서 진덕수도 다움과 일의 관계를 강조하고 있다. 물론 자신과의 사사로운 정도에 따라 사람을 쓰려는 리더라면 이런 아홉 가지 다움에 관심을 두지 않을 것이다.

일을 다스리는 데 능한가

그동안 지인지감(知人之鑑)에 초점을 맞춰 중국과 우리 역사 속의 인물들을 불러내 리더의 사람 보는 눈을 살펴보았다. 이제 그 연장선에서 리더가 일을 처리하는 능력에 초점을 맞춰보려 한다. 우리의 출발점은 『중용(中庸)』 제31장에 나오는 다음과 같은 구절이다.

오직 천하제일의 빼어난 임금만이 능히 귀 밝고 눈 밝고 사리에 밝고 사람에 밝아[聰明睿知] 족히 '제대로 된 다스림[臨]'이 있게 된다.

즉 총명예지(聰明睿知), 네 가지 자질이 있어야만 빼어난 리더가 될 수 있다는 뜻이다. 그중에 예(睿), 즉 일의 이치에 밝음의 문제를 집중적으로 살펴보고자 한다.

'사리에 밝다'라는 것은 풀어서 말하자면 일이 되어가는 이치에 밝다는 것이다. 즉 일을 (할 줄) 아는 사람[知事]이다. 리더는 일을 시키는 사람이라는 점에서 지인(知人) 못지않게 지사(知事)에도 능해야 한다.

『태조실록』에는 고려 말 이성계가 위화도회군을 단행했을 당시 개경과 인근에 머물고 있었던 이성계 가족들의 다급한 상황이 실려 있다.

애초에 신의왕후(神懿王后-한씨)는 (경기도) 포천(抱川) 재벽동(滓甓洞)의 전장(田莊)에 있고, 강비(康妃)는 포천의 철현(鐵峴)의 전장에 있었는데, 전하(殿下-태종 이방원)가 전리정랑(典理正郞-이조 정랑)이 되어 서울(개경)에 있으면서 변고가 발생했다는 말을 듣고 사제(私第)에 들어가지 않고서 곧 말을 달려 포천에 이르니 일을 주간하는 노복(奴僕)들은 이미 다 흩어져 도망쳐버렸다. 전하가 왕후와 강비를 모시고 동북면(함경도)을 향하여 가면서 말을 탈 때든지 말에서 내릴 때든지 전하께서 모두 친히 부축해 주고 스스로 허리춤에 불에 익힌 음식을 싸 가지고 봉양했다. 경신공주(慶愼公主), 경선공주(慶

善公主), 무안군(撫安君-이방번), 소도군(昭悼君-이방석)이 모두 나이
가 어렸으나 또한 따라왔으므로 전하께서 자기가 안아서 말에 태우
고 길이 험하고 물이 깊은 곳에는 전하가 또한 말을 이끌기도 했다.
가는 길이 매우 험하고 양식이 모자라서 길가의 민가(民家)에서 밥
을 얻어먹었다. 철원관(鐵原關)을 지나다가 관리들이 잡고자 한다는
말을 전해 듣고는 밤을 이용하여 몰래 가면서 감히 남의 집에 들어가
지 못하고 들판에 유숙했다. (강원도) 이천(伊川)의 한충(韓忠)의 집
에 이르러서 가까운 마을의 장정(壯丁) 100여 명을 모아 항오(行伍)
를 나누어 변고를 대비하면서 말했다.

"최영은 일에 밝지 못한 사람[不曉事之人]이니 반드시 능히 나를
불 효 사 지 인
뒤쫓지는 못할 것이다. 비록 오더라도 나는 두려워하지 않을 것이다."

7일 동안을 머물다가 일이 안정된 것을 듣고 돌아왔다. 처음에 최
영이 영을 내려 정벌에 나간 여러 장수들의 처자(妻子)를 가두고자
했으나 조금 후에 일이 급박하여 과연 시행하지 못했다.

이방원의 말은 적중했다. 만약에 최영(崔瑩)이 회군 소식을 보고
받고 즉각 한씨와 강씨 등을 붙잡아 인질로 삼았다면 이성계의 회
군은 어떻게 됐을지 알 수가 없다. 반면 그에 앞서 즉각 친어머니
와 계모 및 가족을 이끌고 피신시킨 이방원의 이 행동은 일을 아는
[知事] 자만이 취할 수 있는 조치다. 그 이방원은 최영을 일에 밝지
지사
못한 사람[不曉事之人=不睿之人]이라고 부르고 있다. 이때 이방원
불 효 사 지 인   불예 지 인
의 나이 불과 22세였다.

다시 『중용』 제31장에 나오는 구절이다.

　　오직 천하제일의 빼어난 임금만이 능히 애씀의 이치를 샅샅이 살피고 꿰뚫어 보아[文理密察] 족히 분별력[別=辨]이 있게 된다.
　　　　　　　　　　　　　　　문리밀찰　　　　　　　　　　별　변

　　문리(文理)는 흔히 말하듯 글의 이치가 아니다. 어떤 일을 성공시키려고 열렬하게 애쓰는 것을 말한다. 분별 혹은 분별력은 그런 이치를 밀찰(密察)하는 데서 생겨난다는 뜻이다. 대충대충 듬성듬성 보아서는 분별이 생겨날 수가 없다. 사리분별(事理分別)이라고 할 때의 분별은 이런 뜻이다.

　　다시 사리다. 원래 공자가 말했던 예(禮)는 이 사리를 말하는 것이었다. 우리가 요즘 예 하면 떠올리는 예의범절은 송나라 때 성리학 혹은 주자학에 의해 예의 범위를 가례(家禮)에 한정 지으면서 생겨난 부정적 결과다. 그 바람에 원래 공자가 말하려 했던 예에서는 너무도 멀어져버렸다.

　　공자의 예 사상을 고스란히 담고 있는 『예기(禮記)』 '곡례(曲禮)편'에서는 예를 이렇게 말하고 있다.

　　무릇 예란 제 몸처럼 여겨야 할 것과 멀리해야 할 것[親疏]을 정
　　　　　　　　　　　　　　　　　　　　　　　　　　　　친소
하고, 미심쩍고 의심스러운 것[嫌疑]을 결단하며, 같은 것과 다른 것
　　　　　　　　　　　　　　혐의
[同異]을 구별하고, 옳고 그름[是非]을 밝히는 것이다.
　동이　　　　　　　　　　시비

예가 곧 사리분별이기도 하다는 뜻이다. 같은 책에서 공자는 또 예를 '일을 잘 다스리는 것[治事]'이라고 했다.
치사

일을 알았던 위징과 사람을 볼 줄 알았던 당태종

일은 곧 사람의 일[人事]이다. 그래서 곧바로 예는 "절도를 뛰어넘
인사
어서는 안 되고 남을 침범하여 모독해서도 안 되며 서로 좋아하는 사이라고 해서 함부로 막 대해서도[狎=親狎] 안 된다"고 한 것이다.
압   친압
일을 아는 것이 곧 예를 아는 것임을 생생하게 보여주는 사례를 우리는 위징(魏徵, 580~643년)과 당태종의 운명적인 만남에서 다시 한 번 확인할 수 있다.

위징은 수(隋)나라 말에 이밀(李密)의 군대에 참가했으나 곧 당고조(唐高祖)에게 귀순해 고조의 장자이자 태자인 이건성(李建成)의 태자세마(太子洗馬)로서 유력한 측근이 됐다. 이때 이미 태자의 아우 이세민(李世民)의 야심을 간파한 위징은 그를 독살해서 제거할 것을 권했다. 그러나 이건성은 이 말을 듣지 않았고 결국 626년 현무문의 변으로 오히려 이세민에게 살해당했다.

이세민의 측근들은 태자의 측근 100여 명의 이름을 적은 살생부를 내밀며 모두 죽일 것을 청했는데 여기에 위징의 이름이 포함돼 있었음은 물론이다. 그런데 다른 사람들과 달리 위징은 도망치지 않고 장안에 그대로 남아 자기 집에서 죽음을 기다리고 있었다. 이때

새로 권력을 잡은 이세민이 위징을 불렀다. 사마광(司馬光)의 『자치통감(資治通鑑)』이 전하는 그날의 장면이다.

"너는 어찌하여 우리 형제들을 이간질했는가?"

이 말만으로 지켜보던 사람들은 모두 겁을 집어먹었다. 그러나 위징은 태연하게 대답했다.

"먼저 돌아가신 태자가 일찍이 이 위징의 말을 들었다면 반드시 오늘과 같은 재앙은 없었을 것입니다."

이 말에 이세민은 더 이상 묻지도 않고 안색을 바꾸고서 그에게 예의를 갖추며 첨사주부(詹事主簿)라는 관직을 내렸다.

이 짧은 문답을 중국의 역사가들은 오랫동안 깊이 분석해 왔다. 특히 위징의 대답이 함축하는 의미를 읽어내는 데 집중해 왔다.

위징은 이세민의 물음에는 답을 하지 않았다. 이미 태자와 이세민의 싸움은 위징과 같은 신하의 손을 애당초 떠나 있는 문제였기 때문이다. 어차피 태자와 이세민 둘 중에 한 사람은 죽을 수밖에 없었다. 그래서 자신은 태자에게 이세민을 죽이라고 했을 뿐이라는 대답이 위징의 말 속에 녹아 있다.

더불어 '내가 당신을 죽이자고 했는데 태자가 그 말을 듣지 않아 결국 자기가 죽게 된 것일 뿐'이라고 말하고 있다. 중국 역사학자 맹헌실(孟憲實)은 『정관의 치』에서 "결국 이 싸움의 본질을 간파한 점에서는 이세민에 비해 위징이 선견지명이 있었으며 이 점에서는 이세민은 위징보다 뛰어나지 못했다"고 평가했다.

그리고 위징의 대답은 당당하면서도 그 방법을 먼저 실행에 옮긴 이세민에 대한 존경 또한 담고 있다. 물론 주변에서 이 광경을 지켜보던 사람들은 위징의 목숨을 걱정했다. 그러나 이세민 또한 뛰어난 군주였기에 위징의 말 깊은 곳에 있는 뜻을 정확하게 알아차렸다. 이로써 흔히 우리가 아는 간언(諫言)의 달인 위징이 탄생할 수 있게 됐다.

황제의 자리에 오른 이세민은 이미 칙서를 통해 과거의 죄를 묻지 않겠다는 방침을 발표한 바 있었다. 그러나 그것만으로는 태자 편에 섰던 사람들이 섣불리 나설 수는 없었다. 그런데 이렇게 말하는 위징을 품어 안는 태종의 모습을 보면서 몸을 숨겼던 태자 쪽의 인재들이 하나둘 모습을 나타내기 시작했다. 천하의 안정은 이렇게 시작된 것이다.

이처럼 예를 아는 사람이 바로 예(睿)를 갖춘 사람이다. 사실 일을 모르면 사람을 제대로 알 수 없고 사람을 모르면 일을 제대로 알 수 없다. 그런 맥락에서 『논어』의 맨 마지막 구절은 의미심장하다. '요왈(堯曰) 편'에 실린 공자의 말이다.

명을 알지 못하면 군자가 될 수 없고, 예를 알지 못하면[不知禮]
부 지례
(사람으로서) 설 수 없고, 말을 알지 못하면 사람을 알 수 없다.

말을 알지 못한다는 것은 곧 다른 사람이 하는 말을 통해 그 사람의 사람됨을 판단할 줄 모른다는 뜻이다. 그리고 바로 앞에서 말하는 '예를 알지 못하면'이란 그럴 경우 한 사람으로서 사람답게 설 수 없고 따라서 일을 제대로 성사시킬 수도 없다는 뜻이다.

일을 척도로 사람을 보았던 조조

산은 높음을 마다 않고 바다도 깊음을 싫어하지 않는다네. 주공(周公)이 진심으로 뛰어난 선비들을 환대하니 천하 인심이 기울었다 하네.

한쪽에서는 영웅, 한쪽에서는 간신이라는 양극단의 평가를 받는 조조(曹操, 155~220년)[7]가 인재를 갈구하는 마음을 표현한 시다.

208년(건안(建安) 13년) 적벽 전투에서 패배한 조조는 불타는 전쟁터를 지켜보며 "곽가(郭嘉)가 살아 있었더라면 내가 이 지경에 이르지는 않았을 텐데……"라며 크게 탄식했다고 한다. 곽가는 후한말 천하가 어지러울 때 원소(袁紹)를 처음 만났는데, 원소는 여러 면에서 요점이 부족하고 일을 꾸미기는 좋아하지만 결단력이 없어서

---

7) 원래 성은 하후씨(夏侯氏)로, 조숭(曹嵩)의 아들이다. 어릴 때부터 권모술수에 능했다. 기도위(騎都尉)가 되어 황건적(黃巾賊) 토벌에 공을 세우고 헌제(獻帝)를 옹립한 뒤에 종횡으로 무략(武略)을 휘둘렀다. 손권과 유비의 연합군과 적벽에서 싸웠는데 대패했고, 이후 세력이 강남(江南)에까지는 미치지 못했다. 정치상의 실권은 잡았지만 스스로 제위에 오르지는 않았다. 문학을 사랑하여 많은 문인들을 불러들였고, 자신도 아들 조비, 조식과 함께 시부(詩賦)에 재능이 뛰어나, 이른바 건안문학(建安文學)의 흥성을 가져왔다.

큰일을 이루기는 어려울 것으로 보았다. 마침내 그를 떠나 순욱(荀彧)의 추천으로 조조에게 귀의하여 섬겼다. 사공군 좨주(司空軍祭酒)가 되어 조조가 모주(謀主)로 많이 의지했고, 정벌에 나설 때마다 뛰어난 계책을 자주 건의했다. 조조는 그를 두고 "오직 곽가만이 나의 뜻을 잘 안다"고 말하곤 했다. 그러나 적벽 전투 1년 전에 병으로 세상을 떠났다.

이 패배로 인해 조조는 '유재시거(唯才是擧)', 즉 오직 능력만으로 인재를 뽑아 쓴다는 신념을 더욱 굳혔다. 이렇게 해서 210년 그의 유명한 구현령(求賢令)이 나왔다. 천하의 뛰어난 인재를 구하는 명령이라는 뜻이다.

예로부터 천명을 받아 창업을 하거나 나라를 중흥시킨 군주들은 모두 현인과 군자를 찾아내어 그들과 더불어 천하를 통치했다. 현명하고 유능한 인재가 여염집에서 나오는 것이 아닐진대 어찌 우연하게 서로 만날 수 있겠는가? 윗자리에 있는 사람이 찾아내어 기용하지 않았기 때문이다.

지금 천하는 아직 불안하다. 이런 시기에는 더욱 뛰어나고 유능한 인재가 필요하다. (공자가 『논어』에서 말하기를) 춘추 시대 노나라 대부 맹공작(孟公綽)은 "조나 위나라(같은 큰 나라)의 가신은 너끈히 감당하지만 등(滕)이나 설(薛)나라(같은 작은 나라)의 대부는 감당할 수 없다"고 했다. 만약 청렴한 선비가 있고 나서야 비로소 기용할 수 있는 것이라면 제나라 환공이 어찌 천하를 제패할 수 있었겠는가! 지금 천하에 남루한 옷을 걸치고 옥과 같은 청결하고 고상함으로 위수(渭水) 물가에서 낚시질을 일삼는 인물이 어찌 없겠는가? 또한 형수와 사통하거나 뇌물을 받았다는 오명은 받지 않았지만 재능이 있으면서도 위무지(魏無知)의 추천을 받지 못한 인물이 어찌 없겠는가? 그대들은 나를 도와 신분이 낮은 사람들을 잘 살펴 추천하라. 오직 재능만이 기준이다. 나는 능력 있는 인물을 기용할 것이다[『삼국지(三國志)』 위서(魏書) 무제기(武帝紀)].

맹공작에 대한 언급은 적재적소의 원칙을 밝힌 것이고 제나라 환공은 청렴하지 못했던 관중을 써서 천하의 패자(覇者)가 된 것을 언급한 것이며 위수 물가에서 낚시를 하던 인물은 주나라 문왕이 찾아낸 강태공(姜太公)이고 형수와 사통한 인물이란 한나라의 진평(陳平)이다. 위무지가 진평을 추천했는데 당시 유방의 측근인 주발(周勃)과 관영(灌嬰)이 진평은 형수와 사통한 인물이라고 비판했다. 이에 유방이 위무지를 불러 꾸짖자 위무지는 "신이 말씀드린 것은 능력이요 폐하께서 물으신 것은 행실입니다. 그의 계책이 국가에 이로운가만을 살필 따름이지 형수와 사통하거나 뇌물을 받은 것을 의심해서 무엇하겠습니까?"라고 답했다.

이 짧은 글에서 조조는 공자, 제나라 환공, 주나라 문왕, 한나라 유방의 지혜를 얻고 싶다는 간절함을 표현했던 것이다.

명나라 말기의 학자 이지(李贄, 1527~1602년)는 저서 『분서(焚書)』에서 조조가 인재를 아끼는 군주였음을 평가하며 이런 일화를 전하고 있다.

조조가 사랑하는 딸을 정의(丁儀)에게 시집보내려 하자 오관중랑
장 조비(曹조-조조의 아들)가 아뢰었다.

"여자들은 용모를 따지는데 정의는 한쪽 눈이 애꾸입니다. 아마도
애지중지 키우신 따님이 좋아하지 않을 것입니다."

나중에 조조가 정의와 만날 기회가 있었다. 앉은 자리에서 흉금을
터놓고 이야기를 나누던 중에 조조는 갑자기 자리에서 일어나며 소
리쳤다.

"정의는 유능한 선비로다. 설사 그의 눈이 양쪽 다 멀었다 한들 딸
자식을 시집보냄이 마땅하거늘 하물며 한쪽 눈만 멀었음에랴? 이 아
들놈이 나를 망칠 뻔했구나."

아! 조조의 인재 사랑은 상대방이 애꾸눈인 것도 잊어버렸을 뿐만
아니라 자신의 사랑하는 자식마저 떨치게 했고 또 자신의 딸이 기뻐
하지 않을 것조차 잊게 했다. 조조 같은 사람이라야 진정 극도에 달
한 인재 사랑이라 말할 수 있을 것이다.

다만 조조는 남을 의심하는 병폐가 있었다. '의심스러운 사람은 쓰
지 말고 일단 쓴 사람은 의심하지 말라'는 중국의 오랜 격언을 깊이
새기지 못해 큰 성공에 이르지는 못한 아쉬움이 있다. 이는 사람을
잘 알고자 깊이 살피려 할 때, 반드시 의심에까지 이르러서는 안 된
다는 경계를 남겼다고 하겠다.

'위를 범하려는 마음'은
비례, 무례, 결례의 뿌리다

타인의 충성스러운 마음을 알아내는 방법

『논어』 '학이 편' 앞부분에 공자의 제자 유자(有子)의 말이 나온다.

> 그 사람됨이 효도하고 공순하면서 윗사람을 범하기[犯上]를 좋아
> 하는 자는 드물다. (또) 윗사람을 범하기를 좋아하지 않으면서 난을
> 일으키기를 좋아하는 자는 없다. 군자는 근본에 힘쓰니 근본이 서야
> 도리가 생겨난다. 효도와 공순은 어짊을 행하는 근본이라 할 만하다.

이 말은 효(孝)와 충(忠)이 사실상 한 가지임을 보여준다는 점에
서 중요하다. 이 말의 검토에 앞서 『맹자』 '등문공장구(滕文公章句)'
에 나오는 유자라는 사람에 관한 짤막한 일화부터 짚고 넘어가는

게 좋을 듯하다. 워낙 공자뿐만 아니라 그 제자들에 대한 정보가 많지 않기에 이 일화는 공자가 세상을 떠난 직후 제자들의 의견 충돌을 보여준다는 점에서도 의미가 있다. 맹자의 말이다.

옛날에 공자께서 돌아가시자 3년이 지난 후에 제자들이 각자 자신들의 짐을 챙겨서 장차 돌아가려고 했다. 이때 제자들은 (공자의 상례(喪禮)를 주관하고 있던) 자공에게 들어가서 인사를 한 후에 서로 마주 보며 통곡을 하고 모두 목이 쉰 뒤에 겨우 각자의 길을 떠났다. 자공은 다시 돌아와서 공자의 묘소 옆에 여막(廬幕)을 짓고 홀로 3년을 더 보낸 후에 돌아갔다. 훗날 자하(子夏), 자장(子張), 자유(子游) 세 사람이 모여 유약(有若=有子)이 공자와 닮았다고 하여 공자를 섬기듯이 예로써 유약을 섬기기로 하고서 증자(曾子)에게도 이같이 해줄 것을 강권했다. 이에 증자는 다음과 같이 말했다. "안 된다. (스승님의 덕을 비유해서 말하자면) 장강과 한수의 (맑은) 물로 씻어내고 가을 뙤약볕을 쬐어 말린 듯 하얗게 빛나니[晧晧乎] 그 위에 조금이라
호호 호
도 더해서는 안 될 것이다."

이를 보면 유자는 그 외모가 공자와 비슷했던 데다가 나름대로 공자 제자들로부터 높은 신망을 얻었음을 알 수 있다. 그러나 결국 증자의 반대로 공자의 학통은 공자-증자-자사(子思)-맹자로 내려오게 됐다. 흔히 유자는 예 문제에 밝았다고 한다. 그리고 『논어』에서도 다른 제자들과 달리 증자와 함께 자(子)를 붙였다는 점에서 높은 수

준의 제자였음을 알아차릴 수 있다. 그가 바로 이 범상(犯上)의 문제를 말하고 있는 것이다.

범상의 문제는 겉으로 드러나는 것과 겉으로 드러나지 않는 것, 이 두 가지로 크게 나눠 살펴볼 수 있다.

노골적인 범상은 곧 교만

겉으로 드러나는 범상의 사례는 이미 『논어』에도 많다. 특히 '팔일 편'은 바로 이 범상의 사례로 시작한다. 거기서 공자는 계씨(季氏)에 대해 이렇게 평했다.

> "천자의 팔일무를 자기 집 마당에서 추다니. 이런 참람한 행위를 보고서도 그냥 참고 받아들인다면 앞으로 어떤 패륜 행위인들 참고 받아들이지 못하겠는가?"

계씨란 공자의 고국 노(魯)나라 대부이자 권력 실세였던 계강자(季康子)다. 팔일은 8줄짜리 춤으로 가로 세로 8줄이므로 모두 64명이 추는 춤이며 그것은 천자(天子)를 위한 춤[禮樂]이다. 제후(諸侯)는 6줄(36명), 대부(大夫)는 4줄(16명), 사(士)는 2줄(4명)이다. 계씨는 대부이므로 사일무(四佾舞)를 사용해야 한다. 그런데 육일무(六佾舞)도 아닌, 팔일무(八佾舞)를 자기 집 뜰에서 추게 했으니 단순히 제후를 뛰어넘어 천자를 범한 것이다. 이처럼 아래가 위를 범하는 것[犯上]을 참람(僭濫)이라고도 한다.

이어 공자는 "이런 참람한 행위를 보고서도 그냥 참고 받아들인 다면 앞으로 무엇인들 참고 받아들이지 못하겠는가"라고 개탄한다. 계씨의 이런 행동에 침묵한다면 앞으로 부모나 임금을 죽이는 자도 그냥 참고 받아들일 것이 아닌가라고 목소리를 높인 것이다.

사실 범상의 문제는 이런 짓을 하는 신하를 어떻게 다루느냐에 따라 그 임금이 강명(剛明)한지 그렇지 않은지를 가리는 간접적 척 도도 된다는 점에서 중첩적인 의미를 담고 있다.

조선에서는 정조(正祖)와 홍국영의 관계가 대표적이다. 홍국영은 1772년(영조 48년) 25세의 나이로 문과에 급제했고 이듬해 세자시 강원 말단 관리가 되면서 당시 세손으로 있던 정조와 인연을 맺게 된다. 영조도 "국영은 내 손자"라며 아꼈다. 이때는 세손을 흔들려는 각종 세력들이 기승을 부렸고 홍국영은 적어도 정조가 왕위에 오르 기 전까지는 세손 보호에 진심을 다했다고 할 수 있다. 그로 인해 세 손이 1776년에 즉위하자 3월에 승정원 동부승지에 올랐다가 석 달 만에 이조참의로 자리를 옮긴다. 둘 다 같은 정3품 당상관이지만 인 사를 책임지는 요직을 맡은 것이다. 그리고 한 달 만에 다시 도승지 에 오른다. 이때 홍국영의 나이 29세이었다.

9월에는 규장각 직제학으로, 10월에는 군무를 관장하는 찰리사로 옮겼고 11월에는 수어사도 겸직했으며 다음 날에는 비변사 제조까 지 겸했다. 이듬해에도 문무(文武)를 뛰어넘은 승진은 계속됐다. 당시 실록은 이렇게 평하고 있다.

이때 홍국영의 방자함이 날로 극심해 온 조정이 감히 그의 뜻을 거스르지 못했다.

물론 이렇게 만든 것은 다름 아닌 정조 자신이다. 1778년(정조 2년) 홍국영은 정조에게 아직 소생이 없다는 것에 착안해 13세의 누이동생을 후궁으로 들여보낸다. 그런데 1779년(정조 3년) 5월 7일 원빈 홍씨는 열네 살 어린 나이에 세상을 뜬다. 홍국영은 왕비의 상례에 준하여 동생의 상을 치렀다. 참람한 행위였다.

이휘지가 표문(表文)을 짓고, 황경원이 지장(誌狀)을 짓고, 송덕상이 지명(誌銘)을 짓고, 채제공이 애책(哀册)을 짓고, 서명선이 시책(諡册)을 지었다.

국왕의 상을 당했을 때나 동원될 만한 당대의 명유(名儒)들이 총동원된 것이다. 그리고 9월 26일 홍국영은 도승지에서 물러날 것을 청하는 상소를 올렸고 정조는 즉각 수리했다. 실은 정조가 사직하도록 명을 내린 것이다. 정조의 태도가 이렇게 갑자기 바뀐 데 대해서는 실록이 상세한 설명을 하고 있다.

그 누이가 빈(嬪)이 되고서는 더욱 방자하고 무도하여 곤전(坤殿-

중전 효의왕후 김씨)의 허물을 지적하여 함부로 몰아세우고 협박하는 것이 그지없었으나, 임금이 참고 말하지 않았다. 그 누이가 죽고서는 원(園)을 봉(封)하고 혼궁(魂宮)을 두었고 점점 국권을 옮길 생각을 품어 앞장서 말하기를 "저사(儲嗣-후사)를 넓히는 일은 다시 할 수 없다"라고 하고서 드디어 역적 은언군 이인(李䄄-철종의 할아버지)의 아들 상계군 이담을 죽은 원빈의 양자로 삼아 그 군호(君號)를 고쳐 완풍(完豊)이라 하고 늘 내 생질이라 불렀다. 완이라는 것은 국성(國姓)의 본관인 완산(完山-전주)을 뜻하고 풍이라는 것은 스스로 제 성의 본관인 풍산(豊山)을 가리킨 것이다. 가리켜 견주는 것이 매우 도리에 어그러지므로 듣는 자가 뼛골이 오싹하였으나, 큰 위세에 눌려 입을 다물고 감히 성내지 못하였다. 또 적신(賊臣) 송덕상(宋德相)을 추겨 행색이 어떠하고 도리가 어떠한 자를 임금에게 권하게 하였는데, 바로 이담이다. 그래서 역적의 모의가 날로 빨라지고 재앙의 시기가 날로 다가오니, 임금이 과단(果斷)을 결심하였으나 오히려 끝내 보전하려 하고 또 그 헤아리기 어려운 짓을 염려하여 밖에 선포하여 보이지 않고 조용히 함께 말하여 그 죄를 낱낱이 들어서 풍자하여 떠나게 하였다.

홍국영 문제에 관한 한 정조는 그의 범상(犯上)을 묵과한 정도가 아니라 조장했다는 점에서 결코 강명한 군주였다고 할 수 없다. 이렇게 조정을 떠나 강원도 강릉 해안가에 거처를 마련한 홍국영은 술로 날을 지새우다가 1781년(정조 5년) 4월 사망했다. 33세이었다. '부지례자(不知禮者) 비명횡사(非命橫死)'를 떠올리지 않을 수 없다.

충직하더라도 선을 넘지 않아야 한다

이번에는 겉으로 드러나지 않는 범상의 문제를 살펴볼 차례다. 충직한 사람들이 흔히 저지르게 되는 범상이 그것이다. 한나라 문제(文帝) 때 직언으로 유명했던 원앙(袁盎, 爰盎)이 그런 경우다.

문제가 상림원(上林苑)에 행차할 때 두황후(竇皇后)와 신부인(愼夫人)도 따라갔다. 그들은 궁중에 있을 때에 늘 같은 자리에 앉았다. 한번은 자리를 준비하면서 낭서장(郎署長)이 나란히 자리를 만들자 원앙이 신부인의 자리를 끌어당겨 뒤로 밀쳐놓았다. 신부인이 화를 내며 기꺼이 앉으려 하지 않았다. 문제도 화를 내며 일어났다. 원앙은 이에 앞으로 나아가 말했다.

"신이 듣건대 높고 낮음[尊卑]에 차례가 있으면 위와 아래가 화목해진다고 했는데 지금 폐하께서는 이미 후(后)를 세우셨고 신부인은 곧 첩일 뿐인데 첩과 본부인이 어찌 같은 자리에 앉을 수 있겠습니까! 만일 폐하께서 신부인을 정녕 총애하신다면 상을 두텁게 내리십시오. 폐하께서 방금 신부인을 위해 하신 행동은 다름 아니라 신부인에게 화를 초래할 수 있습니다."

112

이에 문제는 마침내 기뻐하며 안으로 들어가 신부인에게 그 이야기를 해주었다. 신부인은 원앙에게 금 50근을 내려주었다. 원앙의 "만일 폐하께서 신부인을 정녕 총애하신다면 상을 두텁게 내리십시오"라는 말은 정조가 새겨들었어야 할 말이다. 반고는 『한서』에서 그에 대해 칭찬을 아끼지 않았다.

원앙은 또 자주 곧은 간언[直諫]을 했기 때문에 오랫동안 조정에
        직간
머물 수 없었다. 뽑혀서 농서(隴西) 도위(都尉)가 됐다.[8] 그는 사졸을
어질게 대하며 아껴주었기[仁愛] 때문에 사졸들은 모두 (그를 위해서
        인애
라면) 다투어 목숨을 바쳤다.

원앙은 다시 중앙 조정으로 돌아왔다. 그러나 임금이 문제에서 경제(景帝)로 바뀌었다. 경제는 자신의 아버지 때만큼 원앙을 중용하지는 않았다. 부담스러웠기 때문이다. 이런 가운데 원앙은 엉뚱한 일에 휘말리게 된다. 『한서』다.

원앙은 비록 집에서 한가롭게 지냈지만 경제는 종종 사람을 보내어 국가 전략을 묻곤 했다. 양왕(梁王-경제의 동생)은 (두태후의 후원을 업고 경제에게) 억지로 구해서 후사가 되고 싶어 했는데 원앙이 나아가 설득한 뒤에 그런 시도는 막혀버렸다. 양왕은 이 때문에

---

8) 좌천되어 지방으로 쫓겨 갔다는 뜻이다.

원앙에게 원한을 품고 있다가 자객을 보내 원앙을 죽이려 했다. 자객이 관중(關中)에 와서 원앙에 대해 물어보니 사람들이 원앙에 대해 칭송만 할 뿐 다른 말은 하지 않았다. 이에 그 자객은 원앙을 찾아와 말했다.

"신은 양왕의 돈을 받고 당신을 암살하려고 왔습니다. 하지만 당신은 장자(長子)인지라 차마 당신을 찌를 수가 없습니다. 그러나 앞으로 당신을 암살하려는 10여 무리가 있으니 잘 대비하십시오."

원앙은 마음이 편치 못했고 집안에 이상한 일들이 많이 발생해 곧바로 배생(掊生)을 찾아가 점을 보았다. 돌아오는 길에 양왕이 보낸 자객들이 과연 안릉의 성문 밖에서 원앙을 가로막더니 살해했다.

황실의 권력 싸움에 신하가 끼어든 것은 어떤 이유에서건 범상이다. 원앙의 안타까운 죽음의 배경은 바로 그 점이다. 그래서 『논어』 '태백 편'에 실린 공자의 말 한마디는 울림이 크고 깊다.

> 곧기만 하고 예가 없으면 강퍅해진다[直而無禮則絞].
> 직 이 무 례 즉 교

그의 강퍅함을 보여주는 두 가지 사례다. 그는 평소 조조(鼂錯)와 사이가 좋지 않았다. 경제가 즉위하자 조조가 어사대부(御史大夫)가 됐는데 조조가 관리를 시켜 원앙이 오왕의 뇌물을 받아먹었다고 엮어 넣도록 하여 서인(庶人)이 된 적이 있었다. 그 후 조조의 삭번(削藩) 정책으로 오초(吳楚)가 반란을 일으키자 경제에게 조조를 죽여 오나라에 사과하라는 건의를 해 관철시켰다.

그에 앞서 문제 때는 이런 일도 있었다. 『한서』다.

강후(絳侯-주발)가 승상(丞相)이 돼 조회를 마치고 성큼성큼 물러나오는데 자신감이 넘쳤다. 문제는 예로 대하며 그를 공경했다. 원앙이 말했다.

"승상은 어떤 사람입니까?"

상이 말했다.

"사직의 신하다."

원앙이 말했다.

"강후는 이른바 공신(功臣)이지 사직의 신하는 아닙니다. 사직의 신하란 군주가 살아 있을 때는 같이 살고 군주가 죽을 때는 같이 죽어야 합니다. 바야흐로 여후(呂后) 시절 여러 여씨(呂氏)들이 정사를 좌우하면서 제멋대로 서로 왕이 되자 유씨(劉氏)는 띠처럼 겨우 끊어지지 않을 정도였습니다. 이때 강후는 태위(太尉)가 되어 병권의 핵심을 잡고 있으면서도 이를 제대로 바로잡지 못했습니다. 여후가 붕(崩)하자 대신들이 서로 도와 힘을 합쳐 여러 여씨들을 공동으로 주살할 때 태위는 마침 병권을 주관하고 있었기 때문에 때마침 성공할 기회를 만난 것이니 이른바 공신이기는 해도 사직의 신하는 아닌 것입니다. (그런데도) 승상은 마치 교만함이 임금의 얼굴색과 같은데 폐하께서는 겸양하시니 신하와 군주가 서로 예를 잃은 것이므로 가만히 생각건대 폐하께서는 그리해서는 안 될 것입니다."

그 후 조회 때에는 상은 점점 더 위엄을 갖췄고 승상은 점점 더 두려워했다. 얼마 후에 강후는 원앙을 원망하며 말했다.

"내가 너의 형과 친한 사이인데 지금 너 따위 애송이가 나를 비방하다니!"

원앙은 끝내 사과하지 않았다.

어떻게 일을
다스릴 것인가?

예의 본질

필자는 예를 주자학이나 성리학의 가례(家禮)에 한정하지 않고 공자가 말했던 원래의 뜻에 충실해 사리로 풀어내고 있다. 그런데 『예기』 '중니연거(仲尼燕居) 편'에는 이 같은 필자의 시도를 뒷받침하면서 동시에 훨씬 분명하게 보여주는 공자의 언급이 나온다. 제자 자유(子游)가 예를 묻자 공자는 이렇게 답한다.

"예란 무엇인가? 그것은 곧 일을 다스리는 것[事之治=治事]이다.
사 지 치 치사
군자는 어떤 일이 있으면 반드시 그것을 다스리게 되는데 나라를 다스리되 예가 없으면 비유컨대 장님에게 옆에서 돕는 자가 없는 것과 같다."

즉 여기서 공자는 예를 말하다가 곧장 나라를 다스리는 문제로 나아간다. 사실 이미 『논어』에는 이와 관련된 내용들이 많았으나 우리가 예를 가례로 국한해서 풀이하려는 좁은 시야 때문에 제대로 이해하지 못했던 것이다. 먼저 '선진 편'이다.

자로, 증점, 염유, 공서화 네 제자가 공자를 모시고 앉아 있었다.

이때 공자가 말했다. "내가 너희들보다 나이가 조금 많다고 하여 나에게 말하는 것을 어려워 말라. 평소에 너희들은 말하기를 '나를 알아주지 않는다'라고 하는데 혹시 사람들이 너희들을 알아준다면 어찌하겠느냐?"

먼저 자로가 경솔하게 나서 대답을 한다. "전차 천 대를 가진 제후의 나라가 대국들 사이에 끼어 군사적 침략이 가해지고 그로 인하여 기근이 들게 되거든 제가 그 나라를 다스릴 경우 3년이 지나면 백성들을 용맹하게 하고 또 의리를 향해 나아가는 법을 알게 할 수 있습니다."

여기서 다른 제자들은 제외하고 자로의 이 대답에 대한 공자의 평(評)만 보자. 자로가 이 말을 할 때 공자는 약간 비웃었는데 증점이 그 점을 지적하며 묻자 이렇게 답했다.

"나라를 다스리는 것은 예로써 해야 하는데, 그 말이 겸양하지 않기[不讓]에 웃었다."
불양

한마디로 자로는 일을 다스릴 줄 몰랐기 때문에 비웃었던 것이다. 그래서 공자는 자주 예양(禮讓)이란 말을 썼다. 일을 잘 다스리는 본질적 태도는 다름 아닌 삼감[敬]에 있기 때문이다. 이 점은 '팔일 편' 마지막 구절에서 명확하게 드러난다.

윗자리에 있는 사람이 너그럽지 못하고[不寬], 예를 행하는 사람이 삼가지 못하고[不敬], 상을 당한 사람이 진정으로 슬퍼하지 않는다면[不哀] 내가 과연 무엇으로써 그 사람됨을 알아보겠는가?

그중에서 지금 집중하게 될 것은 불경(不敬)이다.

삼가고 공손하고 용맹하되 예를 지켜라

이들 세 사람은 동시대 인물로 모두 태종 말기에 태어나 세종 때 벼슬길에 올랐으며 그 후에 역사의 격랑을 만나게 된다. 따라서 미시적으로 이들의 선택을 추적해 보면 예가 한 개인의 삶에 어떤 영향을 미치는지 좀 더 구체적으로 알 수 있다. 이석형(李石亨)은 1415년, 신숙주(申叔舟)는 1417년, 성삼문(成三問)은 1418년에 태어났다.

먼저 이석형이다. 조선 시대 급제자 명단인 『문과방목』에 따르면 이석형은 1441년(세종 23년) 문과의 장원급제자다. 게다가 『문과방목』은 "우리 조정에서 생원시와 진사시에서 모두 장원한 사람은 배맹후(裵孟厚), 김구(金絿) 그리고 이석형 세 사람뿐인데 공은 다시 문과에서 장원을 했다"라고 기록하고 있다. 속되게 말해 조선 초의 '율곡 이이'라고 할 수 있다. 이때 그의 나이 26세이다. 당시 함께 급제한 동료들 중에는 양성지(梁誠之), 김국광(金國光), 강희안(姜希顏) 등의 이름이 보인다.

이석형은 급제와 동시에 사간원 좌정언(정6품)에 보임됐다. 그런데 흥미롭게도 문과에 급제한 순서는 나이와 정반대다. 성삼문은 1438년(세종 20년) 문과에 급제했고 신숙주는 1439년(세종 21년) 문과에 급제했다. 성삼문과 이석형은 3년마다 있는 정식 문과인 식년(式年)을 통과했고 신숙주는 특별히 실시되는 친시(親試)를 통과했다는 차이가 있었다.

이석형은 이듬해 집현전 부교리에 임명돼 14년 동안 집현전 학사로 재임하면서 집현전의 응교, 직전(直殿), 직제학을 두루 역임했다. 그는 무엇보다 학재(學才)였다. 그의 비명(碑銘)에는 아주 흥미로운 일화 하나가 기록돼 있다. 집현전 응교로 재임한 1447년(세종 29년) 문과 중시(重試)에 합격했다. 중시란 관리들을 대상으로 실시한 과거의 일종으로 훗날 승진에 결정적 영향을 미쳤다.

정묘년(丁卯年, 1447년, 세종 29년)의 중시 대책(重試對策)에서 공이 또 합격했는데 공과 더불어 우등(優等)으로 선발된 여덟 사람을 임금이 시험해 장원을 정할 때 어제(御題)는 '팔준도(八駿圖)'라 하고 여러 가지 체(體)를 임의로 제술하게 했다. 공이 처음에 전문(箋文)을 지었으니 "하늘이 도와 임금의 자리에 오르니 성인(聖人)은 천년(千年)의 운회(運會)에 응했고 땅에서 이용하는 것은 말[馬]을 당할 것이 없는데 신비로운 물건은 한때의 기능을 발휘했다"라는 글로써 머리 연구(聯句)로 삼았다. 성근보(成謹甫-성삼문)가 남들에게 말하기를 "금번 과장(科場)에서 가장 두려운 자는 이모(李某)이다"라고 하더니 이 글을 보고 속여 말하기를 "그대는 늙은 학구(學究)가 여문(麗文-화려체 글쓰기)에 일삼는 것을 본받으려 하는가?"라고 했다. 공은 장자(長者-덕이 있는 사람)인지라 그 말을 믿어 전문을 버리고 시(詩)를 쓰게 됐다. 성삼문이 그 기미를 알아차리고 공이 지은 연구(聯句)를 빼앗아 전문을 지어 마침내 장원을 획득했다. 공이 평소 말하기를 "이 무릎을 일찍이 다른 사람에게 꿇어본 일이 없었다"라고 했고 성삼문은 평소 말하기를 "다른 사람에게 꿇지 않은 무릎을 나는 꿇게 할 수 있다"라고 했으니 한때의 미담(美談)으로 전해온다.

장자(長者)라는 말이 이석형의 삶을 풀어내는 실마리다. 1451년(문종 원년) 부친상을 당해 3년 시묘살이를 하게 됐는데 그로 인해 당시의 정쟁에서 거리를 둘 수 있었다. 1455년 세조가 즉위하자 중추부 첨지사가 돼 성균관 사성을 겸임하면서 드디어 집현전에서 벗어날 수 있었다. 이듬해 전라도 관찰사로 나갔다가 곧바로 불려와 형조 참의에 올랐다. 공신(功臣)은 아니었지만 세조가 아꼈다는 뜻이다. 그러나 곧은 성품[直]이었기에 이석형에게도 위기가 있었다. 1456년(세조 2년) 6월 이른바 사육신 사건이 전해지자 사육신의 절의를 상징하는 시를 지어 익산 동헌에 남겨서, 치죄하자는 대간의 여론이 있었으나 세조에 의해 묵살되고 오히려 예조 참의에 올랐다. 그는 공주 목사로 나갔다가 다시 불려와 한성 부윤에 올랐다.

세조는 평안도 순시를 앞두고 이석형을 황해도 관찰사로 삼았다. 이때 모든 준비를 잘 갖춰 세조로부터 "서도(西道-황해도)의 주인"이라는 칭찬을 받기도 했다. 정권 핵심이 아니면서도 이석형이 고위직에 올라 한성 판윤만 7년을 재직할 수 있었던 비결은 무엇일까? 답은 비명에 있었다.

안평대군이 그 지위에 의지해 문사(文士) 사귀기를 좋아하더니 공의 명망을 듣고 여러 차례 사람을 보내 한번 보기를 원했으나 공이 마침내 가지 아니하고 보낸 선물도 받지 아니하니 (훗날) 사람들은 공이 선견지명이 있다고 했다. 세조 대왕이 즉위함에 공이 선조(先朝)의 중신(重臣)으로서 형적(形跡)이 외롭거늘, 공을 헐뜯는 자들이 백방(百方)으로 틈을 노렸으나 공이 조금도 굽히지 아니하고 어색한 기미를 얼굴에 나타내지 않았으며 권문(權門)에 추종해 좋은 자리를 도모하려 하지 아니하고 한가한 외직(外職)을 구해 해치려는 자들을 멀리하기에 힘썼다.

삼감[敬]을 갖춘 선비였던 것이다. 이와 대비되는 인물이 성삼문이다. 다시 『예기』 '중니연거 편'이다. 제자 자공이 예란 무엇이냐고 묻자 공자는 이렇게 대답한다.

122

"삼가면서도 예에 맞지 않으면[敬而不中禮] 거칠다, 촌스럽다[野]
고 하고 공손하면서도 예에 맞지 않으면[恭而不中禮] 아첨한다[給=
諂]하고 용맹하면서도 예에 맞지 않으면[勇而不中禮] 도리에 어긋나
일을 망치게 된다[逆=乖]고 한다."

세 번째에 주목하자. 이미 『논어』 '태백 편'에서 공자는 "용맹하되
예가 없으면 난을 빚는다"라고 했다. 성삼문이 1453년(단종 원년) 좌
사간으로 있을 때 뒤에 세조가 되는 수양대군이 계유정난을 일으
켜 황보인(皇甫仁), 김종서(金宗瑞) 등을 죽이고 스스로 정권과 병권
을 잡고는 성삼문에게 정난공신(靖難功臣) 3등의 칭호를 내렸는데
이를 사양하는 소를 올렸다. 그 후 1454년(단종 2년)에 집현전 부제
학이 되고 1455년(단종 3년)에 예방승지(禮房承旨-동부승지)가 됐다.
그해에 세조가 단종을 위협, 선위(禪位)를 강요할 때 성삼문이 국새
(國璽)를 세조에게 바쳤다.

이후 아버지 성승의 은밀한 지시에 따라, 박중림(朴仲林), 박팽년,
유응부(兪應孚), 허조(許慥), 권자신(權自愼), 이개, 유성원(柳誠源)
등을 포섭해 단종 복위 운동을 계획했다. 그러던 중에 1456년(세조
2년) 6월 1일에 세조가 상왕인 단종과 함께 창덕궁에서 명나라 사
신을 위한 잔치를 열기로 하자 그날을 거사일로 정했다. 그러나 당
일 아침에 한명회가 세조를 설득해 갑자기 연회 장소가 좁다는 이유
로 별운검의 시립이 폐지돼 거사는 중지됐다. 이때 유응부 등은 곧
바로 한명회 등을 제거하고 거사를 추진할 것을 주장했으나 성삼문

등은 다음 기회로 미루자고 했고 결국 함께 모의했던 김질이 장인 정창손과 함께 세조에게 밀고해 모의자들이 모두 잡혀갔다.

그래서 국문받을 때 유응부는 성삼문을 향해 "너는 글을 읽었지만 꾀가 없으니 짐승과 다를 바 없다!" 또 "더벅머리 겁쟁이 선비 놈들과 거사를 치른 것이 일생일대의 실수다!"라고 일갈했다고 한다. 일을 모르기는 사람을 잘못 알아본 유응부 또한 크게 다를 바 없다 할 것이다.

우리는 흔히 성삼문과 신숙주를 대비시켜 성삼문의 충신(忠臣) 면모만 높여왔다. 그러나 이석형과 대비할 경우 성삼문에게 높은 평가를 하기는 어렵다. 또한 이석형과 신숙주를 대비할 경우 뛰어난 학재와 이재로 여러 임금을 섬기며 한 시대를 이끈 신숙주에 대해 마냥 좋은 평가만을 하기는 어렵다. 물론 신숙주는 우리가 흔히 생각하듯 나약하고 비겁한 지식인의 모습과는 거리가 멀다.

그는 무엇보다 일을 할 줄 아는 신하였다. 후에 신숙주는 일본으로 가는 사신단의 서장관(書狀官)이 됐다. 이때의 일화는 그가 문약(文弱)한 선비라기보다는 강명(剛明-굳세고 눈 밝음)함을 갖춘 대인배였음을 한눈에 보여주기에 충분하다.

사신의 일을 마치고 귀국할 때 태풍을 만나 모두 공포에 떨었으나 그는 홀로 태연자약하여 이렇게 말했다.

"장부(丈夫)가 사방(四方)을 원유(遠遊)함에 이제 내가 이미 일본국(日本國)을 보았고, 또 이 바람으로 인하여 금릉(金陵)에 경박(經

泊)하여 예악문물(禮樂文物)의 성(盛)함을 얻어보는 것도 또한 유쾌한 것이 아니겠느냐?"

금릉이란 명나라 초의 수도였던 남경(南京)을 가리킨다. 아마도 예전에 표류한 배들이 중국 남쪽 해안으로 표류해 간 일들이 있었기에 이런 말을 한 것으로 보인다. 세종 때 그는 사헌부(司憲府)의 장령(掌令)과 집의(執義), 집현전의 직제학(直提學) 등을 두루 역임했다.

그러나 그의 인생에 새로운 계기가 찾아왔다. 1452년(문종 2년) 당시 수양대군이던 세조가 사은사(謝恩使)가 돼 중국에 갈 때 서장관으로 따라가게 된 것이다. 이미 이때 세조는 신숙주를 자기 사람으로 만들기 위해 의도적으로 그에게 접근해 함께 갈 것을 청한 것이었다. 이로써 그는 세조와 정치 노선을 함께하게 된다.

세조의 계유정난 이후 신숙주는 말 그대로 초고속 승진이 무엇인지를 보여준다. 승정원(承政院) 동부승지(同副承旨)로 출발해 도승지(都承旨)를 거쳐 세조가 즉위하자 공신으로 책봉됐고 예문관 대제학(藝文館大提學)에 올랐으며 병조판서, 성균관 대사성(成均館大司成)을 지낸 다음 1458년(세조 4년)에 우의정, 그리고 이듬해 좌의정에 올랐다.

실록에 있는 그의 졸기(卒記)에 이런 표현이 있다.

예종조(睿宗朝)에는 형정(刑政)이 공정함을 잃었는데 광구(匡救)한 바가 없었으니 이것이 그의 단점이다.

한마디로 예종의 횡포가 극에 달했는데 원상(院相)을 맡은 사람으로서 그것을 바로잡으려 힘쓰지 않았다는 비판이다. 애당초 큰 권력에는 맞설 생각이 전혀 없던 그였다.

신숙주의 경우 공자의 말대로 하자면 "공손하면서도 예에 맞지 않으면[恭而不中禮] 아첨한다고 한다"에 해당된다고 하면 너무 심한 비판일까.

사람 사이에 가고 오는 것을
중요히 여겨라

타인에 대한 이해는 일을 하는 요체

『예기』라는 책에는 생활 속의 다양한 예절을 소개한 '곡례 편'이 있다. 그런데 그 앞부분에서 몇 가지 원리를 말하는데 그중 하나가 바로 "예는 가고 오는 것[往來]을 중요하게 여긴다"라는 것이다. 그래서 곧바로 "가기만 하고 오지 않는 것은 예가 아니고 오기만 하고 가지 않는 것 또한 예가 아니다"라고 말한다. 요즘 식으로 말하자면 기브앤테이크(give and take)이며 사리는 바로 이 같은 인지상정을 늘 전제로 삼는다. 가기만 하고 오지 않으면 사람은 누구나 서운하고 [慍] 오기만 하고 가지 않으면 구차스러워진다[苟]. 그만큼 타인에 대한 깊은 이해는 일을 해나감에 있어 핵심적인 사안인 셈이다.

  사람과 사람 사이에 이처럼 오고 가는 기본 단위는 무엇일까? 부모와 자식 사이다. 부모는 사랑[慈]을 주고 자식은 효[孝]를 다한다.
어쩌면 사리로서의 예는 결국은 여기서 출발한다고 볼 수가 있다.

『논어』 '양화 편'에서 문제가 많은 제자 재아(宰我)와 공자의 문답
을 보자.

> 재아가 물었다. "(기존의) 3년상은 1년만 해도 너무 오래입니다, 군
> 자가 3년 동안 (상을 치르느라고) 예를 행하지 않으면 예는 반드시 무
> 너지고 또 3년 동안 음악을 하지 않으면 음악이 반드시 무너질 것입
> 니다. (1년이면) 묵은 곡식은 이미 없어지고 새 곡식이 무르익으며 불
> 씨를 취하는 나무도 바뀌니 (상은) 1년이면 그쳐도 됩니다."
>
> 공자는 말했다. "쌀밥을 먹고 비단옷을 입는 것이 네 마음에 편안
> 하냐?"
>
> 재아는 "편안합니다"고 답한다. 이에 공자가 말했다. "네가 편안하
> 거든 그렇게 해라. 군자가 거상할 때에 맛있는 것을 먹어도 달지 않으
> 며 음악을 들어도 즐겁지 않으며 거처함에 편안하지 않다. 이 때문에
> 하지 않는 것인데, 네가 편안하거든 그렇게 해라."
>
> 재아가 밖으로 나가자 공자는 말했다. "재아의 어질지 못함이여!
> 자식이 태어나서 3년이 된 뒤에야 부모의 품을 벗어난다. 3년상은 천
> 하의 공통된 상이니, 재아에게는 그 부모에 대한 3년의 사랑이 있는
> 가?"

여기서 핵심은 "자식이 태어나서 3년이 된 뒤에야 부모의 품을 벗

어난다"라는 공자의 말이다. 부모의 은혜야 죽을 때까지라도 다 갚을 수 없지만 주고받는 관계에서 최소한 사람으로 살게 해준 3년에 대한 보답이라도 해야 한다는 차원에서 3년상을 지켜야 한다는 뜻이다. 물론 오늘날에는 그대로 지킬 수 있는 것이 아니다.

다시 『예기』 '곡례 편'이다. 이번에는 한 걸음 나아가 "무릇 예란 자기를 낮추고 다른 사람을 높이는 것[自卑而尊人]이다"라고 말한다. 한마디로 삼가고 조심하라[謹]는 뜻이다. 그것이 사리다. 이런 사리의 출발점을 모를 때 일어날 병폐에 대해 공자는 『논어』 '이인(里仁)편'에서 이렇게 경고한다.

"자기 이익에 따라서만 행동할 경우 사람들로부터 많은 원망을 듣게 될 것이다."

이 같은 사리로서의 예를 익힌 사람은 평안하고 이런 예를 모르는 사람은 위태로워진다. 그래서 공자는 "예란 배우지 않으면 안 되는 것"이라고 늘 강조했던 것이다.

만석군 석분과 그 자식들이 보여준 진중한 행실

한나라 때 바로 이 같은 효근(孝謹)을 몸소 실천해 대대로 평안을 누린 집안이 있다. 만석군(萬石君) 석분(石奮)과 그 자식들이다. 석분은 그의 아버지가 조나라 사람이다. 조나라가 멸망하자 하내군 온현(溫縣)으로 이주했다. 한나라 고조(高祖) 유방(劉邦)이 동쪽으로 항적(項籍-항우)을 치면서 하내군을 지나갔는데 이때 석분의 나이는 15세로 하급 관리가 돼 고조를 모셨다. 고조가 그와 이야기를 하던 중에 그의 공손하고 삼가는 태도[恭敬]를 좋아해 물었다.

"너희 집안에는 어떤 사람들이 있는가?"

"어머니가 계시는데 불행하게도 실명하셨습니다. 집안은 가난합니다. 누이가 있는데 거문고에 능합니다."

고조가 말했다.

"너는 능히 나를 따를 수 있겠느냐?"

"바라건대 있는 힘을 다하겠습니다."

이에 고조는 그의 누이를 불러 미인(美人-후궁)으로 삼았고 석분을 중연(中涓-시종관)으로 삼아 문서를 전달하고 알현을 주선하는 일을 관장하게 했다. 석분은 공로가 쌓여 효문(孝文) 때 태중대부(太中大夫)에 이르렀다. 학문을 익히지는 못했지만 공손하고 신중함은 남들과 비교할 바가 아니었다. 이어 태부가 될 만한 사람을 뽑으려 하자 모두 석분을 태자태부로 추천했다. 효경(孝景-경제)이 즉위하자 석분은 구경(九卿)의 반열에 올랐다. 너무 공손하게 섬겨 경제는 오히려 그를 꺼릴 정도였다고 한다. 그래서 석분을 지방으로 내보내 제후국의 재상으로 삼았다.

석분의 장남은 건(建)이고 그 밑으로 갑(甲), 을(乙), 경(慶)이 있었는데, 모두 행실이 착하고 효성스러우며 삼가고 신중해 관직이 2천

석(二千石-지방 장관)의 지위에 이르렀다. 이에 경제가 말했다.

"석군(石君-석분)과 네 아들들이 모두 2천 석의 지위에 올랐으니 다른 사람의 신하 된 자로서 존귀와 총애가 마침내 그 가문에 다 모였구나."

그래서 석분을 '만석군(萬石君-다섯 명을 합치면 1만 석이다)'이라고 불렀다. 경제 말년에 만석군은 상대부(上大夫)의 봉록을 받았지만 늙음을 구실로 관직에서 물러나와 고향으로 돌아갔는데 세시(歲時) 때에는 대신(大臣)의 자격으로 참가했다. 궁궐 문을 지날 때에 만석군은 반드시 수레에서 내려 서둘러 걸어 들어갔는데, 대로에서 황제의 어가를 보게 되면 반드시 예를 갖추어 경의를 표했다.

비록 하급 관리가 된 자손이라도 집으로 돌아와 만석군에게 인사를 드릴 때면 만석군은 반드시 조복(朝服)을 입고 접견했으며, 함부로 그들의 이름을 부르지 않았다. 자손들 중에 과실이 있으면 직접 꾸짖지 않고 한쪽 방에 조용히 앉아 밥상을 대해도 음식을 먹지 않았다. 이렇게 한 후에 여러 아들들이 과실을 저지른 자를 서로 꾸짖고, 다시 가족 중에 연장자가 옷을 벗어 어깨를 드러내어 굳이 사죄하고 잘못을 고치면 비로소 용서하고 받아들였다. 하인들에게도 늘 온화하고 즐거운 모습으로 대하면서도 각별히 신중하게 행동했다.

황제가 때때로 음식을 그의 집에 내려주면 반드시 머리를 조아리며 몸을 굽혀서 먹었는데 그 공손한 태도가 마치 황제 면전에 있는 것과 같았다. 이를 공자는 여재(如在), 앞에 그분이 계시지 않아도 늘 계신 듯이 하는 태도라고 불렀는데 그것이 예다. 그는 예를 아는 사람이었다. 자손들도 그의 가르침을 따라 역시 똑같이 했다. 만석군 일가는 효도하고 근신함[孝謹]으로 군국에 명성을 떨쳤다. 설령 제나라와 노나라(공자의 유풍은 이 두 나라에 가장 많이 남아 있었다)의 여러 유학자들도 만석군의 진중한 행실[質行]에는 모두 스스로 미칠 수 없다고 여겼다.

아버지보다 더한 효심을 보인 석건

무제 때 황태후(두태후)는 유학자들은 겉으로 드러낸 가식이 많고 속으로 본바탕의 질박함이 적다[文多質少]고 여겼는데 만석군의 일가는 말을 많이 하지 않고 실천에 능하다고 보아 마침내 석분의 장남 석건(石建)을 낭중령(郎中令)으로 삼고 막내아들 석경(石慶)을 내사(內史)로 삼았다.

석건이 아버지를 봉양하는 모습은 마치 주나라 문왕이 효심을 다하던 장면을 떠올리게 한다. 반고의 『한서』 '만석군전'이 전하는 장면이다.

석건이 늙어서 백발이 됐어도 만석군은 여전히 무탈하게 지냈다. 석건은 닷새마다 하루는 집으로 돌아와 목욕하고 부친의 안부를 살폈다. 직접 부친이 쉬고 있는 침실 곁의 작은 방으로 들어가 몰래 시자(侍者)에게 물어 부친의 속옷과 요강을 꺼내 몸소 깨끗하게 씻고

닦은 뒤에 다시 시자에게 건네주면서 감히 만석군이 알지 못하게 하기를 늘 이와 같이 했다. 석건은 황제 앞에 일을 아뢸 경우에 할 말이 있으면 남들을 물리치고 바로 하고 싶은 말을 다했는데 매우 간절했다. (그러나) 조정에서 평소 알현할 때면 말을 못하는 사람처럼 행동했다. 이 때문에 황제는 더욱 가까이하면서 예로 대해주었다.

석건이 황제에게 일을 아뢸 때나 평소 알현할 때의 모습에 대한 묘사는 『논어』 '향당(鄕黨) 편'에 나오는 공자 자신의 모습 그대로다.

공자께서 고향 마을에 가서 머무실 때는 (더더욱) 신실한 모습을 보이려 노력하느라 마치 말씀을 잘하지 못하는 사람처럼 보일 정도였다. (그러나) 종묘나 조정에 나아가서는 말씀을 잘하시되 다만 조심스럽게 하실 뿐이었다.

만석군이 기원전 124년(무제 원삭(元朔) 5년)에 세상을 떠나니 석건은 통곡하면서 매우 애달프게 울었고 지팡이를 짚고서야 겨우 걸을 수 있었다. 1년 남짓 뒤에 석건 또한 죽었다. 자손들은 모두 효성스러웠지만 석건이 가장 효성이 깊었으며 심지어 만석군보다 더했다고 한다.

석건의 아우 석경은 태복(太僕)으로 있었는데 황제의 수레를 몰고 나갈 때 황제가 수레를 모는 말이 몇 마리냐고 물어보니 석경은 말채찍으로 하나하나 다 헤아린 다음에 손을 들고 말했다.

"여섯 필입니다."

석경은 형제들 중에서 가장 성격이 대범하고 편안했지만[簡易] 임금 앞에서 조심하는 바가 이와 같았다. 지방으로 나가 제나라 재상이 됐는데 제나라 사람들은 모두 그의 집안의 행실을 흠모했기에 다스리지 않았는데도[不治] 제나라는 크게 다스려졌으며[大治] 그를 위해 석상사(石相祠)를 세워주었다. 석경은 마침내 승상이 돼 법조문에 조예가 깊고 신중하게 일처리를 했지만 그 밖의 원대한 책략은 없었다고 한다. 석경이 승상으로 있을 때 그의 여러 자손들이 하급 관리가 돼 (훗날) 2천 석 관리에 오른 자가 13명이었다. 그러나 석경이 죽은 후에 자손들은 점차 각종 죄를 범해 관직에서 물러났고 효성스럽고 신중하던[孝謹] 가풍은 쇠퇴했다고 한다.

위선을 멀리하고 사리를 알아 정승에 오른 명재상 상진

중종과 명종 때면 적어도 사대부들 사이에는 성리학이 극성기를 이루던 때였다. 목천(木川) 상씨(尙氏)라는 성에서 알 수 있듯 상진(尙震)은 아버지가 종6품 찰방이었던 한미한 집안 출신이었다. 기묘사화가 터지기 전 사마시에 급제해 성균관에서 공부할 때 동료들이 유난히 선비 정신 운운하며 위선을 부리자 상진은 오히려 그것을 못마땅하게 여겨 몽니를 부린 듯하다. 실록이 전하는 그의 모습이다.

상진은 성균관에서 공부할 때 일부러 관(冠)을 쓰지 않고 다리도 뻗고 앉아서 동료들을 조롱하고 업신여겼다.

그리고 얼마 후에 문과에 급제해 당대의 명재상 정광필(鄭光弼)을 찾아가 인사를 했는데 지인지감(知人之鑑)이 뛰어났던 정광필은 그를 보고서 주변 사람들에게 "게으른 정승감이 나왔다"고 극찬을 했다고 한다.

그렇다고 그가 다른 사람을 무시하는 안하무인의 성품의 소유자는 아니었다. 이수광은 『지봉유설』에서 "정승 상진은 인품과 도량이 넓고 커서 일찍이 남의 장단점을 말하는 일이 없었다"고 적고 있다. 『대동기문』이라는 야사에 전하는 그의 일화도 이수광의 평과 일맥상통한다.

어떤 사람이 다리 하나가 짧아서 절뚝거렸는데 사람들은 혹 그를 가리켜 절름발이라고 했다.
그러나 공은 말했다. "짧은 다리는 딴 사람과 같으나 한 다리가 길다고 하라."
평생에 남의 단처(短處)를 말하지 않는 것이 이와 같았다.

이는 『예기』 '곡례 편'에서 "무릇 예란 자기를 낮추고 다른 사람을 높이는 것[自卑而尊人]"이라고 말한 뒤에 덧붙인 보충 설명과도 맥을 같이한다.

비록 등짐을 짊어진 천한 자라도 반드시 높이 보아줘야 할 점이 있는데 하물며 부와 귀를 겸한 사람임에랴!

그렇기 때문에 공자는 『논어』 '학이 편'에서 자공이 "가난하지만 비굴하게 아첨[諂]을 하지 않는 것(사람)과 부유하지만 교만하지 않는 것(사람)은 어떠합니까?"라고 묻자 이렇게 말했던 것이다.

"그것도 좋다. 허나 가난하지만 도리를 즐기며 살 줄 아는 사람과 부유하지만 예를 좋아하는 사람에는 비할 바가 못 된다."

상진은 예, 즉 사리를 아는 사람이었기에 위태로움에 빠지지 않았다. 그렇다고 한 몸이나 지키려는 보신주의자는 아니었다. 오히려 겸손하되 당당한 현실주의자였다고 봐야 한다. 두루 요직을 거친 상진은 이조, 병조 판서를 거쳐 1551년(명종 6년)에 마침내 좌의정에 올랐다. 우리에게는 「면앙정가」로 유명한 사림 계열의 벗 송순(宋純)이 윤원형 세력과 맞서다 힘든 세월을 보내고 있을 때였다. 상진이 송순에게 물었다.

"자네는 어찌 이리 침체되고 불우한가?"

이에 송순은 "내가 자네처럼 목을 움츠리고 바른 말을 하지 않았다면 벌써 정승의 지위를 얻었을 것이네!" 하고 대답했다. 이에 상진이 웃으며 말했다.

"자네가 바른 말을 하지 않는 나를 비난하는 것은 참으로 옳네. 그러나 불평스러운 말을 많이 하다가 이리저리 귀양 다니는 것은 무슨 재민가?"

상진은 누가 뭐래도 사리로서의 예를 아는 사람이었다.

자랑을 하는 것은 비례,
자랑을 참는 것은 사리다

이인자에게도 길을 열어주는 불벌의 힘

"남들이 나를 알아주지 않아도 속으로조차 서운해하지 않을 때라
야 진정 군자가 아니겠는가?"

『논어』 '학이 편'에 나오는 공자의 말이다. 그런데 사실 서운해하지
않기란 쉬운 일이 아니다. 이는 진정 자신의 본분을 편안하게 받아
들일 때에야 가능하고 동시에 홀로 있을 때에도 늘 삼가고 조심하는
신독(愼獨)을 체화할 때 가능하기 때문이다. 또 '공야장(公冶長) 편'에
서 공자가 제자들에게 각자 마음속에 간직하고 있는 뜻을 말해 보
라고 하자 수제자인 안회(顏回)는 이렇게 말한다.

"저의 바람은 자신의 좋은 점이 있다 해도 자랑하지 않고 자신의 공로를 내세우지 않는 것입니다."

이는 스스로 거짓이 없는 충직(忠直)함이 있을 때라야 가능하다. 그것을 줄여서 불벌(不伐)이라고 한다. 이것만 잘 유지해도 선두 주자의 뒤를 그대로 따라갈 수 있다.

먼저 중국 한(漢)나라에서 소하(蕭何, ?~기원전 193년)와 조참(曹參, ?~기원전 190년)의 관계가 그렇다. 소하는 유방과 같은 사수(泗水) 패현(沛縣) 사람이다. 처음에 패주리연(沛主吏掾)이 됐다. 그 후에 유방을 따라 진나라 수도인 함곡관에 들어가 혼자 진상부(秦相府)의 율령과 도서를 수장해 천하의 요충지와 지세, 군현(郡縣)의 호구(戶口)를 소상하게 알게 됐다. 그 후에 유방이 한중(漢中)에서 왕이 되자 승상에 올랐고 한신(韓信)을 천거해 대장으로 삼아 큰 공로를 세울 수 있게 했다. 특히 그 자신이 장수는 아니었지만 막판에 초한(楚漢)이 서로 대치할 때 관중을 지키면서 양식과 군병의 보급을 확보해 군수품이 부족하지 않도록 했다.

그런데 『한서』에 보면 이런 소하조차 당시 지혜로운 선비 포생(鮑生)의 조언이 아니었으면 그 끝을 잘 마치지 못했을 수도 있다.

한나라 3년에 유방이 항우와 경(京-경현(京縣))과 삭(索-삭성(索城)) 땅 사이에서 서로 대치하고[距] 있을 때 유방은 여러 차례 사자를 보내 승상의 노고를 위로해 주었다. 포생이 소하에게 말했다.

"지금 왕께서 햇빛에 그을리고 벌판에서 이슬을 맞고 지내면서도 여러 차례 사자를 보내 당신을 위로하는 것은 당신의 마음을 의심하고 있기 때문입니다. 당신을 위해 계책을 생각해 보니 당신의 자손과 형제들 중에서 싸울 수 있는 자들을 뽑아 모두 상(上)이 있는 군영으로 보내는 것이 낫습니다. 그러면 상은 당신을 더욱 신임할 것입니다."

이에 소하는 그의 계책을 따랐고, 한왕은 크게 기뻐했다. 그것은 소하의 복이기도 했다. 비슷한 일은 유방이 천자에 오른 이후에도 있었다.

한나라 11년에 진희(陳豨)가 반란을 일으키자 상은 스스로 장수가 되어 한단(邯鄲)에 이르렀다. 그런데 아직 진희의 반란을 진압하지도 못했는데 한신은 관중에서 반란을 모의했다. 여후(呂后)는 소하의 계책을 써서 한신을 주살했다. 유방은 한신이 이미 주살됐다는 소식을 듣고서 사자를 보내 소하를 승상에 제배해 상국(相國)으로 삼고 5천 호를 더 봉해주었으며 병졸 500명과 1명의 도위를 보내 상국의 호위병으로 삼았다. 여러 제후들이 다 축하했는데 소평(召平)만이 홀로 걱정을 털어놓았다. 소평이란 자는 원래 진나라 동릉후(東陵侯)였다. 진나라가 깨지자 평민이 되어 가난하게 지내면서 장안성 동쪽에 오이를 심었는데 그 오이가 맛이 좋아 그 때문에 세상 사람들은 그것을 '동릉의 오이'라고 불렀다. 이는 소평의 봉호를 따랐기 때문이다. 소평이 소하에게 말했다.

"재앙은 이로부터 시작될 것입니다. 상은 밖에서 햇볕에 노출되어 이슬을 맞는데 그대는 안에서 궁궐을 지켰고 화살이나 돌을 맞는 어려움을 겪지 않았는데도 봉읍은 더해지고 호위 부대까지 두게 되었으니 지금 회음후(한신)가 안에서 막 반란을 일으킨 점을 볼 때 그대의 마음을 상이 의심하는 것입니다. 무릇 호위 부대를 두어 그대를 호위하는 것은 그대를 총애하는 것이 아닙니다(변란을 일으킬까 두려워 호위 부대를 붙여주었다는 말이다). 바라건대 그대는 봉읍을 사양하여 결코 받지 마시고 그대의 재산을 모두 군대에 내놓으십시오."

소하는 그 계책을 따랐고 상은 기뻐했다.

그 가을에 경포(黥布)가 반란을 일으키자 유방은 스스로 장수가 되어 그를 쳤고 여러 차례 사자를 보내 상국 소하가 무엇을 하고 있는지를 물었다. 소하가 말했다.

"상께서 군대에 계실 때 백성을 안정시키느라 힘썼고 제가 가진 재산은 모두 군대를 돕는데 썼으니 진희가 반란을 일으켰을 때와 같습니다."

이렇게 해서 소하는 논공행상에서 으뜸가는 공신이라 해 찬후(酇侯)로 봉해지고 식읍(食邑) 7천 호를 하사받았고, 일족 수십 명도 각각 식읍을 받았다. 율령 제도를 정하고, 고조와 함께 진희와 한신, 경포 등을 제거한 뒤 상국에 봉해졌다. 고조가 죽자 혜제(惠帝)를 섬겼고 병이 들어 죽을 때 조참을 재상으로 천거했다.

조참 또한 사수 패현 사람으로 원래 진(秦)나라의 옥리(獄吏)였는데 소하가 주리(主吏)로 삼았다. 진나라 말 소하와 함께 유방을 따라 병사를 일으켜 한신과 더불어 주로 군사 면에서 활약했다. 몸에 70여 군데의 상처가 있으면서도 진군(秦軍)을 공략해 한나라의 통일 대업에 이바지한 공으로 건국 후인 고조 6년(기원전 201년) 평양후(平陽侯)에 책봉되고, 진희와 경포의 반란을 평정했다.

사실 그는 젊어서는 늘 소하를 따랐으나 전쟁에서 공로를 세운 뒤에는 서운해하는 바가 있었다. 그러나 소하는 조참을 자신의 후임으로 천거했고 조참도 상국에 올라서는 소하가 했던 것을 하나도 고치지 않았다. 그래서 소하가 만든 정책을 충실히 따른다 해서 '소규조수(蕭規曹隨)'라는 말까지 생겨났다. 이처럼 소하에 이어 조참이 그 자리를 이어갈 수 있었던 비결을 보여주는 일화가 『한서』에 실려 있다.

조참은 소하가 했던 것 말고는 새롭게 일을 하는 바가 없어 혜제는 조참이 일을 하지 않는다고 여겨 그를 불러 질책했다. 이에 조참은 관을 벗고 사죄하며 말했다.

"폐하께서 보시기에 폐하와 고황제 중에서 누가 더 빼어나고 굳세십니까?"

상이 말했다.

"짐이 어찌 감히 선제를 바라볼 수나 있겠는가!"

조참이 말했다.

"폐하께서 보시기에 조참과 소하 중에서 누가 더 뛰어납니까?"

상이 말했다.

"그대가 아마도 그에게는 미치지 못할 것이오."

조참이 말했다.

"폐하의 말씀이 옳습니다. 게다가 고황제와 소하는 천하를 평정했고 법령을 이미 다 밝혀놓았습니다. 폐하께서는 팔짱만 끼시고 참 등은 직무만 그대로 유지하면서 기존의 것을 따르며 잘못을 범하지 않으려 하는데 이 역시 좋지 않겠습니까?"

혜제가 말했다.

"좋소. 그대는 가서 쉬도록 하시오."

과감하고 관대했던 조선의 조준과 김사형

한나라 건국 과정에 소하와 조참이 있어 나라를 안정시켰다면 조선에서 이에 해당하는 관계는 조준(趙浚, 1346~1405년)과 김사형(金士衡, 1341~1407년)이다. 조준은 고려 말 혼란기에 태어났는데 증조(曾祖)는 조인규(趙仁規)로 영의정에 해당하는 문하시중(門下侍中)을 지냈고 아버지 조덕유(趙德裕)는 호조판서에 해당하는 판도판서(版圖判書)를 지냈다. 1374년(공민왕 24년) 과거에 합격해 벼슬길에 들어섰다. 이해는 공민왕이 죽던 해다. 고려 말 대혼란기가 시작되고 있었다. 겸손한 성품에다 관리로서의 이재(吏才)도 뛰어났기에 빠른 승진을 거듭해 형조판서에 해당하는 전법판서(典法判書)에 올랐다. 그리고 1383년(우왕 9년)에 밀직제학(密直提學)에 임명됐다.

조선 시대로 치자면 승정원 승지가 된 것이다. 그러나 가까이서 지켜본 우왕의 무능과 권간(權奸)의 발호에 실망해 조준은 벼슬을 버리고 우왕 말년까지 4년 동안 은둔 생활을 하면서 경사(經史)를 공부하며 윤소종(尹紹宗), 조인옥(趙仁沃) 등과 교유하면서 세상을 관망했다.

조준을 다시 세상으로 불러낸 것은 1388년(우왕 14년)에 일어난 이성계의 위화도회군이었다. 이성계는 회군에 성공해 조정을 장악하고서 쌓인 폐단을 쓸어버리고 모든 정치를 일신(一新)하려고 했다. 이때 조준이 중망(重望)이 있다는 말을 듣고 불러들여 함께 일을 이야기해 본 다음 크게 기뻐하여 지밀직사사(知密直司事) 겸 사헌부대사헌(司憲府大司憲)으로 발탁했다. 실록에 따르면 이성계는 조준에게 "크고 작은 일 없이 모두 물어서 했다"고 한다. 조준도 감격하여 "생각하고 아는 것이 있으면 말하지 아니함이 없었다"고 기록하고 있다. 조준은 뜻도 컸지만 일에도 밝았다. 정치와 정책 모두에 능한 인물이었다.

1392년(태조 원년) 7월 마침내 조준은 여러 장상(將相)들을 거느리고 이성계를 추대했다. 얼마 후 이성계가 공신들을 불러 세자를 누구로 세울지 의견을 들었는데 이 자리에서 조준은 다음과 같이 대답했다.

"세상이 태평하면 적장자를 먼저 하고 세상이 어지러우면 공(功)이 있는 이를 먼저 하오니 바라건대 다시 세 번 생각하소서."

이방원을 염두에 둔 발언이었다. 이때 왕비 강씨가 이를 엿들어 알고 그 우는 소리가 밖에까지 들렸다. 이성계는 조준에게 강씨 소생인 이방번의 이름을 쓰게 하니 조준은 땅에 엎드려 쓰지 않았다. 이성계는 강씨의 어린 아들 이방석(李芳碩)을 세자로 삼았다.

이성계는 묘하게도 정도전을 아꼈으면서도 그를 정승에 앉히지는 않았다. 실록의 한 대목이다. "정도전이 또 조준을 대신하여 정승이 되려고 하여 남은과 함께 늘 태상왕(이성계)에게 조준의 단점을 말했으나 태상왕이 조준을 대접하기를 더욱 두텁게 하였다." 이성계도 정도전을 정승감으로는 보지 않았던 것이다.

1차 왕자의 난 때 이방원은 거사의 와중에 박포(朴苞)를 보내 조준을 부르고 또 스스로 길에 나와서 맞았다. 그리고 훗날의 정종을 내세워 일단 이성계로부터 왕위를 넘겨받는 계책을 낸 장본인도 조준이다.

그 후 물론 태종 재위 기간 내내 가장 막강했던 정승은 하륜(河崙)이다. 그러나 여말 선초 그리고 태조, 정종, 태종으로 이어지는 격변기에 고비마다 태종 이방원을 뒷받침한 인물은 조준이다. 실록은 조준에 대해 이렇게 증언한다.

"다른 사람의 조그만 장점이라도 반드시 취(取)하고, 작은 허물은 묻어두었다."

한신을 천거한 소하를 떠올리는 대목이다. 그랬기에 태종은 그가 죽은 뒤에도 뛰어난 정승[賢相]을 평론할 때에 풍도(風度)와 기개는 반드시 조준을 으뜸으로 삼고 항상 '조 정승'이라 칭했지 이름을 부르지 않았다고 한다.

조선 초 정승을 열거할 때 조준, 하륜은 알아도 김사형을 아는 이는 드물다. 그러나 태조 정권 내내 최고 실권자인 좌의정 혹은 좌정승이 조준이었다면 그와 보조를 맞춰 내내 우의정 혹은 우정승으로 있었던 인물이 김사형이다.

김사형은 고려 때의 명장군이자 충신으로 문무겸전(文武兼全)한 재상 김방경(金方慶)의 현손으로 여말 선초의 명문 세가 출신이다.

김사형은 공민왕 때 문과에 급제해 조준 등과 함께 대간을 지냈다. 이때 맺은 교분으로 그의 정치 노선은 단 한 번도 조준으로부터 벗어나지 않았다. 그것은 그저 조준을 섬겼기 때문이 아니라 조준의 노선이 옳다는 굳은 믿음 때문이었다.

1407년(태종 7년) 7월 30일 그가 세상을 떠났을 때 실록은 그의 인품을 이렇게 평하고 있다.

> 깊고 침착하여 지혜가 있었고, 조용하고 중후하여 말이 적었으며, 속으로 남에게 숨기는 것이 없고, 밖으로 남에게 모나는 것이 없었다. 재산을 경영하지 않고 성색(聲色)을 좋아하지 않아서 처음 벼슬할 때부터 운명할 때까지 한 번도 탄핵을 당하지 않았으니 시작도 잘하고 마지막을 좋게 마친 것[善始令終]이 이와 비교할 만한 이가 드물다.

그는 무엇보다 관리로서의 능력[吏才]이 출중했다. 1395년(태조 4년) 12월 20일 『태조실록』의 짧은 기사는 이를 단적으로 보여준다.

좌정승 조준, 우정승 김사형, 삼사판사 정도전에게 각각 칼 한 자루씩을 주었다.

삼사판사, 훗날의 호조판서에 가까운 이 자리가 정도전이 가장 높이 올라간 관직이다. 그런데 왜? 일차적으로는 조준의 반대가 있었을 것이다. 그러나 더 중요한 점은 김사형이 우의정 자리를 맡아서 누구보다 잘했기 때문이다. 좌의정도 우의정을 거쳐야 올라갈 수 있는데 업무 능력에서 정도전은 결국 김사형 이상의 신뢰도를 태조 이성계에게 심어주지 못했던 것이다. 실록의 평가다.

젊어서 화요직(華要職)을 두루 거쳤으나 이르는 데마다 직책을 잘 수행하였다. 무진년(1388년) 가을에 태상왕이 국사를 담당하여 서정(庶政)을 일신하고 대신을 나누어 보내 각 지방을 전제(專制)하게 하였을 때 김사형은 교주 강릉도 도관찰출척사(交州江陵道都觀察黜陟使)가 되어 부내(部內)를 잘 다스렸다. 경오년(1390년)에 지밀직사사로서 대사헌을 겸하였고 조금 뒤에 지문하부사(知門下府事)로 승진하였다. 대헌(臺憲)에 있은 지 1년이 넘었는데 조정이 숙연(肅然)해졌다.

탁월한 실무 능력과 분수를 아는 처신은 그를 우정승에 그치게 하지 않았다. 조준과 김사형의 관계를 실록은 이렇게 압축해서 정리하고 있다.

조준은 강직하고 과감하여 거리낌 없이 국정을 전단(專斷)하고, 김
사형은 관대하고 간요한 것으로 이를 보충하여 앉아서 묘당(廟堂)을
진압했다.

흔히 말하는 환상의 콤비였던 셈이다. 그래서 태종 초에는 드디어
좌정승에 오른다. 이미 왕권 중심의 정치를 구상하고 있던 태종으로
서는 모든 것이 불안정할 때 김사형의 지혜가 필요했는지 모른다. 그
리고 1년 반 만에 태종의 최측근인 하륜에게 좌정승 자리를 넘긴다.

그러나 개국 과정이나 1차 왕자의 난 때 적극적 역할을 하지 못한
것은 김사형의 정치적 약점이 됐다. 1410년(태종 10년) 7월 12일 태
조를 종묘에 모시면서 배향공신을 토의하는데 이때 김사형은 배향
공신에 오르지 못한다. 그날의 장면으로 들어가보자.

김사형의 배향 여부에 대해 태종이 하륜에게 물으니 이렇게 답했다.
"임금이 신하에게 물으면 신하는 감히 바르게 대답하지 않을 수 없
습니다. 김사형은 공이 없으니 배향함이 마땅치 않습니다."

의정부에서도 아뢰었다.

"김사형은 가문이 귀하고 현달하며 심지(心地)가 청고(淸高)하기
때문에 태조께서 중히 여기셨습니다. 그러나 본래 개국(開國)의 모획
(謀劃)에는 참여하지 않았고 또 모든 처치(處置)를 한결같이 조준만
따르고 가타부타하는 일이 없었으니 배향할 수 없습니다."

마침내 배향되지 않았다. 조준만 배향공신에 올랐다. 그것은 어쩌면 선구자의 길을 따라만 간 후진의 한계였는지 모른다.

이 모든 것을 꿰뚫고 있었던 태종은 이듬해인 1411년(태종 11년) 3월 28일 상왕이 머무는 인덕궁(仁德宮)에 나아가 헌수(獻壽)했다. 술이 거나해지자 상당군(上黨君) 이애(李薆)가 연구(聯句)를 지어 올렸다.

"요(堯) 순(舜)이 함께 즐겨 서로 같이 헌수하도다."

이에 태종이 대구(對句)했다.

"소하와 조참이 오늘 다시 공(功)을 이루었도다."

당연히 소하와 조참은 조준과 김사형을 염두에 둔 발언이었다. 물론 소하와 조참, 조준과 김사형의 대비 관계를 모른다면 태종의 대구는 무슨 말인지 알 수 없다.

큰 공로를 세울수록
몸을 낮추어라

자신의 공로를 내세워 자랑하지 않는 것이 진정한 겸손

『논어』 '공야장 편'에서 공자가 제자들에게 각자 마음속에 간직하고 있는 뜻을 말해 보라고 했을 때 수제자인 안회는 이렇게 말했다.

> "저의 바람은 자신의 좋은 점이 있다 해도 자랑하지 않고[無伐善]
> 자신의 공로를 내세우지 않는 것입니다[無施勞]."

둘 다 비슷한 의미인데 스스로를 내세워 자랑하지 않는다는 것이다. 무벌(無伐) 혹은 불벌(不伐)의 문제는 공자가 매우 중요하게 생각했다. 그랬기에 수제자인 안회도 자신이 공부하는 목표가 바로 무벌선(無伐善)이라고 말했던 것이다. 『논어』에는 이와 관련된 일화가 또 나온다. '옹야(雍也) 편'이다.

맹지반(孟之反)은 공을 자랑하지 않았다. 패주하면서 후미에 처져 있다가 장차 도성 문을 들어오려 할 적에 말을 채찍질하며 "내 감히 용감하여 뒤에 있었던 것이 아니요 말이 전진하지 못한 것이다"고 하였다.

맹지반은 노나라의 대부로 이름은 측(側)이다. 당시 나라의 실권을 장악하고 있던 삼환씨(三桓氏) 가운데 맹씨(孟氏) 집안 사람이다. 옛날 중국에서는 싸움에 패해 돌아올 때에는 군대의 뒤에 있는 것을 그나마 공(功)으로 여겼다. 끝까지 적과 맞서 싸우다가 가장 뒤늦게 퇴각을 했다는 뜻이기 때문이다. 따라서 이러한 상황에서 불벌이란 아주 높은 수준의 사리, 즉 예인 것이다. 그래서 공자는 『주역』을 풀이한 자신의 '계사전'에서 불벌의 중요성을 이렇게 말했다.

수고로움이 있어도 자랑하지 않고[勞而不伐] 공로가 있어도 자기 덕이라고 내세우지 않는 것[有功而不德]은 두터움이 지극한 것이다. 이는 자신이 공로를 세우고서도 다른 사람에게 몸을 낮추는 것[下人]을 말하는 것이다. 다움[德]으로 말하자면 성대하고 예갖춤[爲禮]으로 말하자면 공손한 것[恭]이니 겸손함[謙]이란 공손함을 지극히 함으로써 그 지위를 보존하는 것이다.

이런 사람이 신하 중에 있다면 제대로 된 임금은 당장이라도 재상으로 불러다 쓰는 것이 일의 이치[事理=禮]다.
<small>사리   예</small>

목숨을 걸고 지켜낸
한나라 무제의 증손자 선제를 황위에 올린 병길

병길(丙吉, ?~기원전 55년)은 노나라 사람으로 율령을 공부해 노나라 옥사(獄史)가 됐다. 공적을 쌓아 점차 승진해 정위우감(廷尉右監)이 됐다. 무제(武帝) 말년에 무고(巫蠱)의 일이 일어나자 병길은 전에 정위감을 지냈다 해 불려가 무고와 관련한 군저(郡邸)의 옥사를 처리하라는 조서를 받았다.

이때 선제(宣帝)는 생후 몇 개월밖에 되지 않았으나 황제의 증손으로서 무고로 일어난 위태자(衛太子) 사건에 연루돼 옥에 갇혔는데 병길은 갓난아기인 증손을 보고 불쌍히 여겨 도형(徒刑)을 받은 착실한 여자 죄수 한 사람을 골라 증손을 잘 기르도록 주선했고 조용하고 깨끗한 곳에 머물도록 조치했다.

병길이 무고의 사건을 다스렸으나 해를 거듭해도 판결이 나지 않았다. 기원전 87년(후원(後元) 2년)에 병이 든 무제가 신병 치료차 장양궁(長楊宮)과 오작궁(五柞宮)을 왕래할 때 천지의 기운을 보고서 점을 치는 자[望氣者]가 장안의 감옥에 천자의 기운이 서려 있다고
<small>망기자</small>
말하였다. 이에 상은 사자를 보내 도성 내 모든 관청의 조옥(詔獄)에

구금된 죄수의 명단을 낱낱이 조사해 죄의 경중을 가리지 말고 모두 죽이라고 명령했다. 내알자령(內謁者令) 곽양(郭穰)이 밤중에 군저의 감옥에 도착했다. 병길은 문을 닫은 채 사자를 막아 들여보내지 않고서 "황제의 증손께서 여기에 계신다. 다른 사람도 무고했다고 죽이는 것이 불가하거늘 하물며 황제의 친증손임에야!"라고 말했다. 서로 대치해 날이 샐 무렵이 돼서도 감옥 안으로 들어가지 못했다. 곽양이 돌아가 사유를 보고하고 병길을 탄핵했다. 그러나 무제도 사정을 깨닫고 "하늘이 시키는 일이다"라고 말하고서 천하를 사면했다.

이 무렵 증손은 병이 들어 거의 가망이 없던 순간이 여러 번이었는데 병길은 자주 양육을 맡은 유모에게 명해 의원을 보내고 약을 드리게 하는 등 증손을 아주 정성스럽게 보살폈다. 자신의 개인 재물로 증손의 의복과 음식을 대주었다.

뒤에 병길은 거기장군 군시령(軍市令)으로 있다가 승진해 대장군의 장사(長史)가 됐는데 (대장군) 곽광(霍光)이 그를 매우 소중하게 여겨 조정에 들어가 광록대부 급사중이 됐다. 소제(昭帝)가 붕(崩)했을 때 후사가 없자 대장군 곽광이 병길을 보내 창읍왕 하(賀)를 맞아들이게 했다. 창읍왕은 즉위했으나 행실이 음란해 폐위됐다. 곽광은 거기장군 장안세를 비롯한 여러 대신들과 누구를 옹립할지 토의했으나 결정을 내리지 못했다. 그때 병길은 곽광에게 다음과 같은 글을 올렸다.

'삼가 엎드려 뭇 백성의 말을 듣고 그들이 한 말을 헤아려보건대 제후와 종실의 반열에 오른 분 가운데 백성들로부터 평판이 그리 좋은 분이 없습니다. 무제께서 잘 양육하라고 유언을 남기신 증손 병이(病已)라는 분이 외가에서 자라다가 현재 액정(掖庭)에 들어와 계십니다. 신이 과거에 군저에 사자로 파견돼 있을 때 어린 그분을 뵈었으니 지금은 열여덟에서 열아홉 살이 되셨을 것입니다. 그분은 경술에 통달하고 훌륭한 자질을 소유했으며, 처신이 점잖고 행동거지에 절도가 있습니다. 바라건대 장군께서 상세히 의논하시고 점괘를 참조하셔서 그분을 높이고 현창해 먼저 궁궐에 들어가 태후를 모시게 한 다음 천하에 분명하게 알리는 것이 옳지 않겠습니까?'

곽광은 그의 의견을 받아들여 마침내 무제의 증손을 옹립하고자 종정(宗正)인 유덕(劉德)과 병길을 액정에 보내 증손을 맞아들이게 했다. 선제가 처음 즉위했을 때 병길에게 관내후(關內侯)의 작위를 내려주었다. 그러나 선제는 어릴 때 자신을 보호해 준 인물이 병길임을 몰랐다. 『한서』를 쓴 반고는 그의 인물됨을 이렇게 평했다.

병길은 사람됨이 깊고 두터웠으며[深厚] 자신의 잘남이나 공로를 자랑하지 않았다[不伐]. 황증손(선제)을 만나면서부터 입을 굳게 닫고[絶口] 예전에 베풀었던 은혜를 말하지 않으니 조정에서는 그의 공로를 알 수가 없었다.

한참 세월이 흘러 액정의 궁비(宮婢)인 칙(則)이 민간인 지아비[民夫]를 시켜 글을 올리게 해 어렸을 때의 황제를 잘 키운[阿保]

공로가 자신에게 있다고 진술했다. 그 상주문을 액정령에게 내려보내 조사를 시키자 칙은 당시에 옥사를 다스린 사자(使者) 병길이 당시 상황을 잘 알 것이라고 병길을 끌어들였다. 액정령은 칙을 데리고 어사부로 가서 병길과 대면시켰다. 병길은 칙을 알아보고 그녀에게 "너는 과거에 황제의 증손을 양육할 때 정성껏 보살피지 못해 매질을 당하는 벌을 받았거늘 무슨 공이 있다고 하느냐? 위성(渭城)의 호조(胡組)와 회양(淮陽)의 곽징경(郭徵卿)만이 은혜를 베풀었다"라고 말했다.

그런 뒤에 병길은 호조 등이 황제를 보살핀 실상을 분간해서 상주했다. 선제는 병길에게 호조와 곽징경을 찾도록 조칙을 내렸으나 이미 죽은 후였다.

선제는 친히 병길을 불러 만나본 후에야 병길이 옛날에 (자신에게) 은혜를 베풀고서도 끝내 말하지 않았다는 것을 알고서 그가 크게 뛰어난 인물[大賢]이라 말했다.

조신한 처신으로 마침내 승상에 오른 병길은 흥미로운 일화를 남겼다. 여기에도 남다르게 일의 이치를 살필 줄 알았던 그의 면모가 담겨 있다.

한번은 승상 병길이 외출하다가 승상의 행차를 위해 깨끗하게 치운 길에서 떼를 지어 싸우는 사람들과 맞닥뜨렸다. 사상자들이 길에 마구잡이로 쓰러져 있었다. 그가 그곳을 그냥 지나칠 뿐 어찌 된 일이냐고 묻지도 않자 소속 관리는 의아하게 여겼다. 또 그가 앞서 가

다가 어떤 사람이 잃어버린 소를 쫓아가는 장면과 마주쳤는데 그 소가 헐떡이며 혀를 내밀고 있었다. 그는 수레를 멈추게 하고 말을 탄 관리를 시켜 "소를 몰고 몇 리를 왔느냐"라고 묻게 했다. 소속 관리는 속으로 승상의 질문이 앞뒤가 잘못됐다고 생각했다. 심지어 그를 비꼬는 자도 있었다. 그러자 그는 이렇게 말했다.

"백성들이 싸우다가 서로 살상한 것은 장안령과 경조윤이 금지하고 경비하며 체포하는 임무를 맡고 있으므로 승상은 연말에 그들을 고과해 상벌을 시행하면 그만이다. 승상은 직접 자질구레한 일에 관여하지 않기 때문에 그런 일을 길에서 묻는 것은 옳지 않다. 봄에는 소양(少陽)이 용사(用事)할 때이므로 심하게 덥지 않다. 가까운 거리를 가는 소가 더워서 헐떡이는 것은 계절의 기운이 절도를 잃은 징표이므로 해(害)가 닥칠까 두렵다. 삼공(三公)은 음양의 조화를 담당하므로 직분상 마땅히 염려해야 할 일이다. 이 때문에 물은 것이다."

소속 관리는 그 말을 듣고 감복하고 그가 정치의 큰 요체[大體]를 대체
잘 안다고 인정했다.

멸문지화를 당한 집안 출신으로 영의정에 오른 이준경

오랜 폭정이 난무하면서 썩어 문드러진 명종 시대를 지나면서도 인재는 남아 있었다. 영의정 이준경(李浚慶, 1499~1572년)이 대표적인 경우다. 그는 말 그대로 진흙탕 속의 진주였다. 이준경은 세조와

성종 때 크게 번성했던 광주 이씨의 후손이었다. 증조할아버지 이극감은 형조판서를 지냈고 할아버지 이세좌도 중추부 판사를 역임했던 조정 대신이었다. 그의 아버지 이수정은 홍문관 부수찬을 지냈다.

그의 나이 6세 때, 즉 1504년(연산군 10년) 갑자사화가 일어났다. 할아버지와 아버지가 이에 연루되어 비운의 죽음을 당했고 이준경도 어린 나이에 유배를 갔으나 2년 뒤 중종반정이 일어나는 바람에 풀려날 수 있었다. 어려서부터 집안의 분위기가 어떠했으리라는 것은 쉽게 짐작할 수 있다. 실록은 "준경은 어릴 때부터 뜻이 높고 비범하였으며 체격이 웅대하여 많은 선비들 사이에 이름이 있었다"고 평하고 있다.

다른 사람들에 비해 다소 늦은 1531년(중종 26년) 문과에 급제해 주로 홍문관에서 경력을 쌓았다. 1533년(중종 28년)에는 1519년(중종 14년)에 일어난 을묘사화로 화를 당한 사림들의 신원(伸冤)을 주장하다가 파직되어 5년 동안 독서를 하며 지내기도 했다. 강직하기로는 그의 형 이윤경이 한 수 위였다. 두 사람 모두 관리로서 청렴과 엄중함이 뛰어나 두 봉황새라는 뜻에서 '이봉(二鳳)'으로 불렸다.

1537년(중종 32년) 호조 좌랑으로 복직한 후 홍문관과 사헌부 등의 요직을 두루 거쳤고 성균관 대사성에까지 올랐다. 흥미로운 점은 이런 강직한 성품에도 불구하고 문정왕후와 윤원형이 설쳐대던 명종 정권하에서도 승승장구했다는 것이다. 1548년(명종 3년)에는 요직 중의 요직인 병조판서에까지 올랐다. 한때 윤원형과 가까운 이기의 모함을 받아 충청도 보은으로 유배를 가기도 했지만 이듬해 풀려났고 그 후 형조, 병조, 이조, 공조 판서 등을 두루 역임한다. 1555년 (명종 10년) 을묘왜변이 일어났을 때는 도순찰사를 맡아 성공적으로 왜적을 물리쳤다. 이 공으로 우찬성에 올랐고 이후 좌찬성, 우의정, 좌의정을 거쳐 1565년(명종 20년) 마침내 영의정에까지 이른다.

후궁의 손자 선조를 왕위에 올리다

임금이되 어머니 문정왕후로 인해 임금이지 못했던 '눈물의 왕' 명종은 승하 직전인 1567년(명종 22년) 6월 24일 자신의 병환에 대해 신하들에게 아주 상세하게 이야기한 바 있다.

"내가 본래 10여 년 동안 심열이 있어 왔는데 또 도진 듯하다. 매년 여름에서 가을로 바뀌는 때가 되면 으레 서열(暑熱)이 서로 도와 위로 치밀어 몸이 대단히 편치 않다. 세자의 상을 당하던 계해년(1563년) 부터 5년 동안 시름시름 앓았고 모후의 상을 당했던 을축년(1565년) 가을에는 큰 병을 앓다가 겨우 회복되었는데, 지금 역시 일을 당하면 곧 잊어버리고 총명이 감한 듯하며, 내 기운이 전보다 아주 다르게 허약해졌다. 이달 초에 또 열 증세가 있기에 즉시 냉약(冷藥)을 복용했고, 일기도 시원해서 불안한 기운이 조금 덜해졌기 때문에 부묘하는 대례를 억지로 행하였었다. 그 후에 마침내 노열(勞熱)이 나고 백 가지 병이 뒤섞여 일어났는데 천식 증세도 있어 요즈음 편치 못한 지가 여러 날째인데도 조금도 차도가 없다. 조사(朝使-명나라 사신)가 이미 압록강을 건넜다니 내 마음속으로 걱정된다. 전일 조사가 올 때에는 미리 기일을 알았기 때문에 위에서 여러 차례 대내에서 습의(習儀-의례를 갖추다)를 했었는데 지금은 내 기운이 계속 편안치 못하여 지난번 단지 한 번 환시(宦侍)로 하여금 습의하게 했을 뿐 친히 해보지 못했다. 또 무오년(1558년)에는 기력이 아직 강해서 다리 힘도 빠지지 않았기 때문에 오래 서서 말을 할 수도 있었고, 중국 사신과 술을 나눌 때에도 별달리 잘못된 일이 없었던 것 같다. 이제 이미 10년이 지나서 몸에 병이 많고 심신이 어두워지고 기력도 전과 다르며 다리 힘도 지난날 같지 않다."

결국 나흘 후인 6월 28일 새벽 2시경 경복궁 내 작은 침소인 양심당(養心堂)에서 명종이 훙했다. 이때 그의 나이 34세로 재위 22년째였다. 그러나 그는 어머니와 외삼촌의 위세에 눌려 단 한순간도 왕권을 제대로 행사해 보지 못한 불운의 군주였다. 묘호는 명종(明宗)이었지만 실은 암군(暗君)이었다.

사태는 명종이 위독한 상태를 보이던 6월 27일 심야부터 급박하게 돌아가기 시작했다. 밤 11시경 중전이 두 정승과 약방제조를 불렀다. 당시 우의정 권철은 사신이 되어 명나라에 갔고 영의정은 이준경, 좌의정은 이명이었다. 그러나 영의정과 좌의정 두 사람은 궐내에 없었고 약방제조 심통원만이 머물고 있었다. 이렇게 해서 양심당에는 얼마 후 심통원과 병조판서 원혼, 도승지 이양원 등이 입시하였다. 얼마 후 영의정 이준경을 비롯해 좌승지 박응남, 동부승지 박소립 등이 뒤따라 들어왔다. 그나마 이준경은 의정부에서 유숙하고 있었기 때문에 임종을 지킬 수 있었다. 당시 상황의 미묘함에 대해 사관은 아주 상세하게 전하고 있다.

만일 이준경의 입시가 늦었으면 중전과 약방제조이자 작은할아버지인 심통원만이 유명(遺命)을 받게 되어 장차 무슨 일이 일어났을지 모른다는 것이었다.

"다행히 소인(小人-심통원)이 그사이에 미처 손을 쓰지 못하게 되었으니 불행 중 다행이다."

이준경이 들어왔을 때 아직 명종은 숨이 붙어 있었다. 그러나 말은 할 수 없는 지경이었다. 이 자리에서 이준경은 중전에게 하교를 내려주기를 청했고 중전은 다음과 같이 전교한다.

"지난 을축년(1565년)에 하서한 일이 있었는데 그 일은 경들 역시 알고 있다. 지금 그 일을 정하고자 한다."

명시적이지는 않지만 덕흥군의 셋째 아들 이균을 후사로 삼겠다는 뜻을 넌지시 전한 것이다. 결국 영의정 이준경이 을축년의 하서를 근거로 중전의 승인을 받아 하성군 이균을 다음 국왕으로 결정했다. 그리고 명종은 아무 말도 남기지 않은 채 숨을 거두었다. 당시 긴박했던 상황에 대해 실록은 이렇게 생생하게 전한다.

이준경은 평소 중망(重望)이 있어 나라 사람들이 그를 믿고 의지하였다. 모두 하는 말이 "이때에 이 사람이 있으니 나라가 반드시 그의 힘을 입을 것이다"고 하였는데 왕위를 계승할 자가 정해지자마자 인심이 크게 안정되었던 것은 다 이준경이 사람들을 진정시킨 공이었다.

이때 일부에서는 신하가 임금을 추대한 것은 비상한 일이라며 공신 책봉을 해야 한다고 말했다가 이준경에 의해 일축당했다. 예종이 죽고 성종이 즉위했을 때도 좌리공신(佐理功臣)이 책봉된 것을 감안한다면 이준경의 공은 좌리공신들에 비해 훨씬 컸다는 점에서 이준경 또한 불벌(不伐)했다고 할 수 있다.

그는 이황의 선배이기도 했다. 선조 집권 초 이런 일화가 있다. 이준경의 도움으로 선조는 집권했다. 이제 선조 정권을 안정시키는 임무는 전적으로 영의정 이준경의 손에 놓이게 되었다. 이준경은 가장 먼저 이황을 선조의 스승으로 삼아 학문을 전수하게 하려고 그를 예문관 대제학에 제수했다. 그러나 이황은 처음에는 한사코 사양했다. 자신은 병약하고 현실 정치를 모른다는 이유였다. 계속되는 강청에 결국 이황은 한양으로 올라온다. 이때의 일화가 있다.

이황이 한양에 들어왔을 때 사대부들이 아침저녁으로 그의 문전을 찾아가니, 이황은 한결같이 모두 예로 접대하였다. 최후에 이준경을 찾아가 인사하자 이준경이 말하기를 "도성에 들어오신 지 오래되었는데 어찌 이제야 찾아오십니까?" 하니, 이황이 사대부들을 응접하느라 그럴 틈이 없었다고 하였다. 이준경이 언짢아하며 "지난 기묘년(1519년)에도 선비의 풍조가 이러하였으나 그 가운데도 염소 몸에 호랑이 껍질을 뒤집어 쓴 자가 있었으므로, 사화가 이로 인하여 일어났습니다. 조정암(趙靜庵-조광조) 이외에 그 누구도 나는 인정하지 않습니다"고 말하였다. 사림들의 패거리 짓기에 대한 경고의 말이었다. 그 의미를 이황이 모를 리 없었다.

그 후에 다시 이황이 고향으로 돌아가자 그를 찾는 선조에게 이준경은 "그 사람은 산새[山禽]이니 더 찾을 필요가 없습니다"라고 말했다.

사리분별 나를 다스리는 게 먼저다

처음을 삼가고 끝도 삼가라

말의 유려함이 아닌 행동의 마땅함을 보라

리더의 혼매함을 경계하라

사람의 일에 있어 그 출발점은 효다

부끄러움을 알고 구차하지 않게 살라

그저 가진 것을 잃지 않으려 비루하게 살 것인가?

사람 사이에는 지켜야 할 것이 있다

리더는 일을 통해 사람을 볼 줄 알아야 한다

'위'를 범하려는 마음은 비례, 무례, 결례의 뿌리다

어떻게 일을 다스릴 것인가?

사람 사이에 가고 오는 것을 중요히 여겨라

자랑을 하는 것은 제 자신의 몸을 낮추어라

큰 공로를 세울수록 몸을 낮추어라

3장
일과 사람을 동시에 얻는 법

일과 사람을 동시에 얻는 법

육척 고아를 맡길 만한 사람을 골라라

힘을 읽는 눈은 사리분별의 첫걸음이다

설익은 곧음이 오히려 화를 부른다

직언에도 비결이 있다

신뢰를 얻지 못한 간언은 비방이다

뛰어난 리더도 간교한 부하들에게 속아 넘어갈 수 있다

상도 너머에 권도가 있다

곧음은 난세를 잘 살아내는 일의 이치다

육척 고아를 맡길 만한
사람을 골라라

한무제, 곽광을 고명대신으로 삼다

왕조 국가의 가장 큰 위기는 후사(後嗣)가 아주 어릴 때 반복해서
발생한다. 그리고 이 위기에 어떻게 대비했냐에 따라 먼저 죽은 임금
의 사리분별력 혹은 현부(賢否)를 판단할 수 있다. 주로 당시의 대신
들에게 이런 위기에 대한 처방을 부탁하는데 이런 부탁을 받는 신
하를 고명대신(顧命大臣)이라 한다. 그 기원은 주나라의 성왕(成王)
이 임종 시에 군신들을 불러 강왕(康王)의 보호와 선정(善政)의 시
행을 당부한 것에서 비롯한다.

이 문제는 이미 『논어』에서 공자의 제자 증자(曾子)가 "육척 고아
를 맡길 만해야 군자다"라고 말한 바 있다. 그러면 '육척 고아를 맡길
만한 군자'는 어떤 사람이어야 할까? 성왕의 당부에 일단 그 실마리

가 있다. 첫째는 후사의 보호이며, 둘째는 어린 임금을 대신해 선정을 펼치는 것이다. 이 중에서 더욱 중요한 것은 후사의 보호다.

후사를 보호하려면 적어도 두 가지 점이 충족돼야 한다. 하나는 충성심이 지극해야 하고 또 하나는 어린 임금을 지켜낼 능력이 있어야 한다. 이 중 어느 하나라도 없으면 어린 임금의 자리는 위태로워진다. 예를 들면 삼국시대 유비(劉備)의 뒤를 어린 유선(劉禪, 207~271년)[9]이 이었는데 이때 제갈량(諸葛亮)[10]이 고명대신의 역할을 맡아 위기를 극복하고 잘 보좌했다. 주나라 때 성왕을 도운 주공

---

9) 후주(後主)라고도 불린다. 유비의 장남으로 유비가 한중왕이 되면서 태자로 삼았다. 조운(趙雲)이 당양 장판교에서 품에 안고 달려 구출하여 유비에게 데려가자 땅에 내던지며 '너 때문에 귀중한 장수를 잃을 뻔했다'고 고함쳤다는 일화가 있다. 유비의 뒤를 이어 황제가 되었는데, 당시 나이가 어려 국정은 제갈량이 보필했으며, 제갈량이 사망하자 동윤(董允), 장완(蔣琬), 비의(費禕), 강유(姜維) 등 중신들이 국정을 맡았다. 재위 후기에 환관 황호(黃皓)를 총애하여 점차 환락에 빠져들어 부패 정치를 초래했다. 위나라 등애(鄧艾)가 기습 공격해 오자 초주의 권유로 위나라에 항복하고 낙양으로 이주하여 안락공(安樂公)으로 봉해진 후 남은 인생을 편안하게 살다 사망했다. 『삼국지연의』에는 아둔하고 어리석은 군주로 그려지며 환관 황호를 총애하여 나라를 망쳤다고 전해진다. 『삼국지(三國志)』 촉서(蜀書)에는 "현명한 승상에게 정치를 맡겼을 때는 도리를 따르는 군주였지만, 환관에 미혹됐을 때는 우매한 군주였다"라고 했다.

10) 이름은 량(亮)이며 공명(孔明)은 자다. 후한 말기에 난을 피해 융중(隆中)에서 농사짓고 책을 읽으면서 스스로 관중과 악의(樂毅)에 비견했는데, 와룡(臥龍)이라는 소리를 들었다. 유비가 신야(新野)에 주둔했다가 삼고초려하자 세력이 가장 약했던 유비를 도와 모사(謀士)가 되어 위나라, 오나라와 더불어 천하를 삼분(三分)한 뒤 통일을 꾀했다. 조조가 남쪽에서 형주를 다투자 오나라에 사신으로 가서 손권과 함께 조조에 대항할 것을 결의하고 적벽대전을 승리로 이끌어 유비가 형주를 차지하게 했다. 유비가 칭제(稱帝)하자 승상에 임명되어 상서(尙書)의 일을 수행했다. 유비의 유조(遺詔)를 받들어 유선을 보좌했는데 정치의 크고 작음을 막론하고 모두 그의 손을 거쳐 시행됐다. 중원(中原)을 차지하기 위해 여러 차례 위나라를 공격하던 중에 위나라 장군 사마의(司馬懿)와 위남(渭南)에서 대치하다 오장원(五丈原) 전투에서 병으로 죽었다.

166

(周公)도 그런 인물이다. 특히 우리는 한나라를 거대한 제국으로 만든 무제의 고명대신 임명을 상세하게 들여다볼 필요가 있다.

무제는 한편으로는 명군(明君)으로 평가받고 다른 한편으로는 폭군(暴君)으로 평가받는다. 그러나 어떤 평가를 받건 그는 한나라를 거대한 제국으로 일으켜 세운 황제다. 무엇보다 그는 일을 알고 [知事] 사람을 볼 줄 아는[知人] 뛰어난 인물이었다는 점에는 이의
<small>지사</small>   <small>지인</small>
가 없다.

무제는 말기에 후궁인 조첩여를 데리고 이궁인 감천궁(甘泉宮)에 갔는데 이때 조첩여가 무슨 실수를 저질렀다. 역사서에는 그 실수가 무엇인지 기록돼 있지 않다. 어쨌거나 그것을 이유로 무제는 조첩여를 하옥시킬 것을 명한다. 끌려가던 조첩여가 무제를 올려다보았지만 무제는 덤덤하게 "잘 가거라! 넌 살아남을 수 없다"고 말한다. 얼마 후 조첩여는 감옥에서 죽었다. 무제는 왜 그랬을까? 1년여 후에 무제와 조첩여 사이에서 태어난 유불릉(劉弗陵-훗날의 소제(昭帝)) 이 태자로 정해지고서야 조첩여가 아무런 이유도 없이 옥사한 이유를 사람들은 알 수 있었다. 이는 사전 정지 작업 차원에서 외척 제거를 위한 첫 신호탄이었던 것이다.

실제로 이는 조선에서도 외척 제거를 하느냐 못하느냐가 그 후 임금의 명운을 갈랐다. 태종이 세종의 처가를 제거했기에 세종의 치세가 있었지만 정조는 오히려 순조의 처가인 안동 김씨 김조순(金祖淳, 1765~1832년)[11]에게 사실상 권력을 갖다 바쳤기에 세도정치의 문이 활짝 열렸다.

외척을 제거한 무제는 이제 8세밖에 안 된 유불릉을 보필해 줄 신하를 고르고 또 고른다. 그 첫째가 곽광(霍光, ?~기원전 68년)[12]이다. 현대 중국 역사학자 강붕(姜鵬)은 『혼군 명군 폭군』에서 무제가 곽광을 첫 번째 고명대신으로 꼽은 이유를 이렇게 설명한다.

그가 한무제 곁에서 20년 동안 시종하면서 한 번도 실수를 범하지 않았기 때문이다. 실수하지 않는다면 참을성이 강하고 스스로 신중한 사람이라고 할 수 있다. 속담에 "본심은 한 겹 뱃속에 있다"는 말이 있다. 호랑이를 그릴 때 겉모습은 그려도 그 속은 그릴 수 없듯이 시간이 지나야 본심을 알 수 있다는 뜻이다. 한무제는 곽광의 충성도를 어떻게 평가했을까? 파악은 어려우나 곽광의 이복형인 곽거병(霍去病)은 한무제가 인정하는 충복(忠僕)이었다. 그래서 한무제는 곽거병이 죽었을 때 그 동생인 곽광을 대우하며 은혜를 베풀었다. 곽광으로서는 한무제에게 충성을 다해야 할 것이고, 20여 년 동안 실제 그

---

11) 순조의 비 순원왕후(純元王后)의 아버지로 영안부원군(永安府院君)에 봉해졌다. 순조가 즉위한 후 여러 요직이 제수되었으나 항상 조심하는 태도로 사양하였다. 1827년 왕의 관서 지방 목욕 행차를 호종했다가 서하(西下) 지방의 민간 실정을 은밀하게 보고해, 경외(京外) 각 아문의 절미(折米)·형정(刑政)·인사(人事)·대동미 등 어려운 실정을 정리하게 하였다. 그 뒤 실권 있는 직책은 맡지 않고, 제조직과 영돈녕부사로 있다가 죽었다.

12) 곽거병의 이복동생으로, 10여 세 때부터 무제를 섬기다가, 무제가 죽자 김일제, 상관걸, 상홍양 등과 함께 8세로 즉위한 소제(昭帝)를 보필하여 정사(政事)를 집행했다. 소제의 형인 연왕(燕王) 단(旦)의 반란을 기회로 상관걸·상홍양 등의 정적(政敵)을 제거하고 실권을 장악했다. 소제가 죽은 후에는 그를 계승한 창읍왕(昌邑王)을 폐위시키고, 선제(宣帝)를 옹립했다.

렇게 행동했다.

그러나 곽광 한 사람에게 권력을 집중시킬 경우 앞으로 무슨 일이 일어날지 알 수가 없었다. 주도면밀했던 무제는 곽광 외에 상홍양(桑弘羊), 김일제(金日磾), 상관걸(上官桀)도 함께 고명대신으로 삼았다. 이들도 모두 무제가 크게 신임했던 신하들이다. 즉 1대 3의 견제 구도를 만들어 어린 임금을 보필하게 한 것이다. 결과는 크게 성공적이었다. 강붕의 말이다.

고명대신을 선택한 일에서 우리는 한무제의 안목에 탄복하지 않을 수 없다. 한무제는 확실히 용인술에 능통했다. 한무제 사후에 한나라가 근 100년 동안 수성할 수 있는 원동력은 그가 선택한 고명대신들의 공에 기인한 것이다. 그중에 곽광의 활약이 대단했다.

조선의 숙종을 지킨 김석주

조선 역사에서 고명대신의 성공 사례는 숙종의 보호자 김석주(金錫胄)가 있다. 그 점에서 김석주를 선택한 현종(顯宗)의 안목은 탁월했다고 할 수 있다. 김석주는 현종비이자 숙종의 어머니인 명성왕후 김씨의 종형(從兄), 즉 사촌 오빠였다. 김육(金堉)의 후손답게 서인이면서도 '친(親)남인 반(反)송시열' 성향을 갖고 있던 김석주는 특히 서인과의 일전불사 및 남인으로의 정권 교체를 추진했던 현종 말년에 주목을 끌 수밖에 없는 위치에 있었다. 그리고 현종이 급사했을 때 현종의 그 같은 유지(遺志)를 고스란히 이어서 관철할 수 있는 유일한 적임자였다. 결론부터 말하자면 흔들리는 집권 초반기의 혼란을 극복하고 어리고 미숙한 숙종을 권력의 반석 위에 올려놓은 일등 공신이 다름 아닌 김석주였다.

김석주는 영의정 김육의 손자이자 병조판서를 지낸 김좌명의 아들로 어려서부터 문무에 뛰어났다. 남아 있는 영정에서 보듯이 어릴 때부터 그의 모습은 호랑이를 닮았다는 소리를 들었다. 1662년(현종 3년) 문과에 장원 급제해 사헌부, 사간원 등의 청요직을 두루 거쳤으나 한당(漢黨)이라 하여 서인 중에서도 핵심인 송시열의 산당(山黨)에는 들지 못했다. 전통적으로 김육 집안과 송시열은 같은 서인이면서도 대동법 논쟁에서 촉발된 현실주의 노선(한당)과 명분주의 노선(산당)의 대립으로 인해 갈등을 빚어왔다.

그런데 한당과 산당의 대립은 김육이 죽자 더욱 격화되며 대를 이어가게 된다. 김육을 장례 지내면서 김좌명 등이 '참람하게' 수도(隧道)를 파서 산당의 비난을 자초했다. 수도란 평지에서 묘소까지 난 길을 말하는 것으로 왕실에서만 할 수 있었다. '참람하게'란 분수를 넘어서 왕실의 영역을 침범했다는 뜻이다. 서인 계통의 대신(臺臣) 민유중 등이 법에 의거하여 김좌명 등을 죄주기를 청하였다. 이때 이조판서 송시열이 민유중의 편을 들어 김좌명을 몰아세웠다. 그로 인해 김석주 집안에서는 산당에 대해 깊은 원망을 갖게 되었다.

게다가 현종 때 김석주는 중궁의 사촌이라는 이유로 인사상의 불이익까지 받아야 했다. 그러나 현종이 말년에 제2차 예송 논쟁을 주도하면서 김석주는 핵심 참모로 떠오른다. 도신징의 상소가 올라왔을 때 현종이 은밀하게 부른 이가 바로 좌부승지였던 처사촌 김석주였다. 당시 현종은 제1차 예송 논쟁을 재검토하기 위해 김석주로 하여금 당시의 주요 문건들을 정리해 보고할 것을 명했는데 김석주는 남인 허목의 상소를 비롯해 주로 남인의 입장을 옹호하는 문건들을 중심으로 보고를 함으로써 현종의 서인 제거 결심에 결정적 영향을 주었다.

이후 그가 1684년(숙종 10년) 51세로 세상을 떠나기까지 그의 노선이 곧 숙종의 노선이었다고 할 만큼 두 사람은 정확하게 같은 노선을 걸었다. 숙종은 김석주의 길을 따랐고 김석주는 숙종의 의중을 미리 따랐다. '표범의 정치' 숙종과 '범의 정치' 김석주는 누가 먼저랄 것도 없이 같은 길을 걸어간다.

우선 1674년(숙종 즉위년) 한 해 4개월여 동안만 김석주의 특진 과정을 추적해 본다. 8월 23일 숙종이 즉위했을 때 김석주는 우승지로 있었다. 그리고 한 달 후인 9월 20일 김석주는 수어사(守禦使)로 임명된다. 수어사란 정묘호란 이후 북방의 경계를 강화하면서 남한산성에 설치됐던 중앙군영으로 굳이 오늘날에 비유하자면 수도방위사령관에 해당하는 요직이었다. 원래 이조와 병조에서 올린 인사 후보군에는 들어 있지 않았으나 숙종의 특명으로 품계가 다소 낮음에도 불구하고 김석주가 발탁된 것이다. 그리고 수어사의 경우 비변사의 일원으로 국가 중대사를 논의할 때 직접 참여하여 발언할 수 있었다. 이에 대한 실록의 평이다.

당시 임금은 서인들을 미워했는데 김석주는 (서인임에도 불구하고) 취향이 조금 다르다고 생각하여 김석주를 인사 책임자로 끌어다 두기 위함이었다.

실제로 이날 김석주는 이조 참판에 오른다. 그러면서도 수어사를 겸직했다. 문무의 핵심 요직을 동시에 장악한 것이다. 서인들은 반발했다. 혈육을 중용해서는 안 된다는 논리였다. 그게 부담스러웠는지 11월 13일 김석주는 이조 참판에서 물러나겠다는 사직 상소를 올렸다. 그러나 숙종은 일언지하에 사직서를 물린다. "맡은 바 직무에 충실하라!" 오히려 숙종은 불과 22일 후인 12월 5일 김석주를 도승지로 제수하여 최측근에 갖다 놓는다. 서인 제거 작전을 보다 긴밀하게 협의하기 위한 조처였다. 서인들은 분노와 원망 속에서도 김석주의 일거수일투족을 그저 바라볼 수밖에 없었다. 그의 말과 행동이 곧 숙종의 뜻이었기 때문이다. 한마디로 김석주는 숙종의 주석지신(柱石之臣)이었다. 김석주의 이 같은 고명을 받든 신하로서의 임무 완수가 이후 숙종의 중흥(中興) 정치를 이룩한 원동력이었음은 부인할 수 없다.

단종을 지키지 못한 김종서, 영창대군을 지키지 못한 유영경

문종(文宗)이 어린 단종(端宗)을 남기고 세상을 떠나면서 김종서 (金宗瑞)와 황보인(皇甫仁)을 고명대신으로 지명했다. 분명 김종서는 세종 대와 문종 대에 큰 업적을 남긴 신하임이 분명하지만 고명대신 의 책무라는 관점에서 보면 비판을 면할 길이 없다. 충성심에는 문 제가 없었지만 '육척 고아를 지켜내야 할' 책무에서는 할 말이 없기 때문이다.

김종서는 당시 좌의정으로 사실상 인사권은 물론 병권까지 장악 하고 있었다. 그렇다면 수양대군의 움직임을 누구보다 면밀하게 살 폈어야 한다. 그런데 어이없게 자기 집에서 일격을 당해 결국은 단종 까지 죽게 만들었다. 이 점에 관한 한 김종서는 죄인일 뿐 의인(義人) 이라 할 수 없다. 학계의 김종서 평가가 워낙 일방적인 칭송 일변도 이기에 지적해 두는 말이다.

광해군 때의 영창대군의 죽음은 사실 선조(宣祖) 자신이 만든 비 극이라 할 수 있다. 1602년(선조 35년) 7월 13일 51세의 늙은 국왕 선조는 19세 신부와 국혼을 거행했다. 그때까지 광해군의 세자 책봉 을 미뤘던 선조는 결국 후궁의 자식이 아니라 정비(正妃)의 혈통에 게 왕위를 물려주기로 결심한 것이다. 그리고 4년 후인 1606년(선조 39년) 드디어 원자가 태어나니 이 아이가 훗날의 영창대군이다.

당시 영의정이던 유영경(柳永慶, 1550~1608년)[13]은 대대적인 하례 (賀禮)를 열 것을 주청해 이를 관철한다. 이는 사실상 광해군을 배제

하겠다는 신호나 다름없었다. 문제는 이때부터 선조의 건강에 적신호가 켜진 것이다. 결국 2년 후에 세 살짜리 적자(嫡子) 하나를 남긴 채 왕위는 광해군에게 물려주고 세상을 떠난다. 이에 영창대군의 어머니 인목왕후는 선조가 미리 써놓았던 유언을 공개한다.

형제 사랑하기를 내가 있을 때처럼 하고 참소하는 자가 있어도 삼가 듣지 말라. 이로써 너에게 부탁하니 모름지기 내 뜻을 본받아라.

여기에 문제의 본질이 숨어 있다. 원칙대로 하자면 아무리 나이가 어려도 왕위는 영창대군에게 물려주고 인목대비가 수렴청정을 하도록 했어야 사리에 맞다. 그렇지 않고 애당초 광해군에게 왕위를 물려줄 생각이었다면 국혼을 해서는 안 되는 것이었다.

사리를 저버린 결과는 처참했다. 결국 광해군은 친형인 임해군도 죽였고 영창대군도 죽였으며 인목대비는 서궁에 유폐시켰다. 그리고 정작 자신은 서인들의 반정으로 권좌에서 쫓겨나 오랜 유배 생활을 했다. 유영경의 경우는 고명대신이었다고는 하나 이미 광해군이 임

---

13) 1572년 문과에 급제해 사간원 정언 등 청요직을 두루 거쳤다. 임진왜란 때 의병 모집에 공을 세웠고 황해도 관찰사에 올랐다. 원래는 유성룡과 함께 동인이었다가 동인이 남인과 북인으로 나뉠 때 이발과 함께 북인에 몸을 담았다. 1599년 북인이 다시 대북과 소북으로 갈리자 남이공, 유희분 등과 함께 소북의 편에 섰다. 당시에는 대북파가 득세할 때였기 때문에 한동안 소외되어 있다가 이조판서를 거쳐 우의정으로 정계에 복귀했다. 선조는 관리로서의 능력이 뛰어났던 점을 들어 그를 중용했다. 자연스럽게 소북의 지도자가 되어 대북파와 치열한 암투를 전개했다.

금이 된 상황에서 영창대군을 지켜낸다는 것은 애당초 불가능했다. 유영경은 결국 함경도 경흥으로 유배를 갔다가 그곳에서 사약을 받았다. 이 모든 잘못의 책임은 다른 사람이 아니라 바로 선조에게 있다고 해야 할 것이다.

힘을 읽는 눈은
사리분별의 첫걸음이다

공자의 현실주의

『논어』를 읽다 보면 서로 모순돼 보이는 구절들이 종종 등장하는데 대표적인 경우를 예로 들자면 이런 것이다. '위령공(衛靈公) 편'에서 공자가 말했다.

"사람이 도리를 크게 하는 것이요 도리가 사람을 크게 하는 것은 아니다."

또 '헌문(憲問) 편'에 이런 내용이 나온다.

공백료가 계손에게 자로를 참소하자 자복경백이 공자를 찾아와 이렇게 말했다. "대감께서 진실로 공백료에 대해서는 의심하는 뜻을 갖고 계시니 제 힘으로도 능히 그를 (죽여) 길거리에 늘어놓을 수 있습니다."

공자가 말했다. "도리가 장차 행해지는 것도 명이요 도가 장차 없어지는 것도 명이니, 공백료가 그 명을 어찌하겠는가?"

그런데 서로 상충되는 듯한 이 두 구절을 사마천은 『사기』 '외척열전(外戚列傳)'에서 이렇게 합쳐놓고 있다.

사람이 능히 도리를 크게 할 수 있다. 그러나 명(命)은 어찌할 수가 없다.

사람이 할 수 있는 범위 내에서 최선을 다해야 하지만 그 범위를 뛰어넘는 것에 대해서는 어찌할 수가 없다는 말이다. 공자의 용어로 말하자면 불혹(不惑) 위에 지천명(知天命)이 있다는 뜻이고 흔히 우리가 하는 말로는 진인사대천명(盡人事待天命)이 바로 그것이다. 천명은 바꿔 말하면 현실 속의 권력을 인정한 바탕 위에서 일을 도모하는 것이다. 실은 바로 이런 모습을 보여준 장본인이 다름 아닌 공자다. 그것이 사리분별이기 때문이다. 『논어』 '양화 편'에는 이런 공자의 모습이 여러 차례 보인다.

양화가 공자가 자신을 찾아와 만나보기를 원하였으나 공자가 만나기를 거부하자, 양화가 공자에게 (공자가 없는 틈을 타서) 삶은 돼지를 선물로 보냈는데 공자도 그가 없는 틈을 타서 사례를 하려고 가다가 길에서 만났다.

"이리 오라. 내 그대와 말을 하고 싶다. 훌륭한 보배를 품고서 나라를 어지럽게 하는 것을 어질다고 할 수 있겠는가?"

"할 수 없소."

"(공직에) 종사하기를 좋아하면서 자주 때를 놓치는 것을 지혜롭다 할 수 있겠는가?"

"할 수 없소."

"세월이 흘러가니, 세월은 나를 위하여 기다려주지 않는다."

"알겠소. 내 장차 벼슬을 할 것이오."

원래 양화는 노나라 왕족인 맹씨(孟氏)인데 실력자 계씨(季氏)의 가신으로 있다가 신분이 상승해 대부가 되어 노나라의 국정을 좌우하게 된다. 그 양화가 이때 자신의 주인이라 할 수 있는 계환자(季桓子)를 가두어놓고 나라의 정사를 마음대로 좌우하고 있었다. 이런 상황에서 양화는 (벼슬을 주기 위해) 공자를 만나고 싶어 했다. 공자는 가능한 한 피하다가 결국은 "알겠소. 내 장차 벼슬을 할 것이오"라고 말했다. 이 경우만 보면 공자가 내심 벼슬을 하지 않으려는 듯이 보인다. 주자도 그런 방향으로 해석했기 때문에 대부분 공자를 다분히 도덕주의자로 해석해 왔다. 그러나 잠시 뒤에 이어지는 이 구절은 어떻게 볼 것인가?

공산불요(公山弗擾)가 비읍(費邑)을 근거지로 삼아 반란을 일으키고서 부르니 공자가 가려고 하였다.

자로가 기뻐하지 않으며 말한다. "가실 곳이 없어서 하필이면 공산씨에게 가시려는 겁니까?"

공자는 말했다. "나를 부르는 것이 어찌 하릴없이 그러겠느냐? 나를 써주는 자가 있으면 나는 동쪽의 주나라를 만들어볼 것이다."

공산불요는 계씨의 가신이며 양화와 함께 계환자를 잡아 가두고서 비읍을 점거하여 반란을 일으킨 인물이다. 비읍은 당시 노나라의 요충지였다고 한다. 그런데 주자의 억지 해석이 무색할 정도로 공자는 권력에 대한 참여 의지를 명확하게 보여준다. 오히려 주자나 자로는 도덕주의의 명분에 사로잡혀 있다. 『논어』의 편집자는 이 같은 주자나 자로의 반박을 예상이나 한 듯이 다시 한 번 공자의 권력 의지를 명확하게 보여주는 사례를 인용한다.

필힐이 공자를 부르자 공자는 가려고 하였다. 이에 자로가 말한다.

"옛날에 제가 스승님께 듣기를 '직접 그 몸에 불선을 한 자일 경우 군자는 (그 무리에) 들어가지 않는다'고 하셨습니다. 필힐은 지금 중모를 근거지로 삼아 반란을 일으켰는데 스승님께서 가려고 하심은 어째서입니까?"

이에 공자가 말했다.

"그렇다. 이런 말이 있다. '단단하다고 말하지 않겠는가? 갈아도 얇

아지지 않는다. 희다고 말하지 않겠는가? 검은 물을 들여도 검어지지 않는다. 내가 어찌 뒤웅박과 같아서 한 곳에만 매달려 있어 먹지(마시지) 못하는 것과 같겠는가?"

필힐(佛肸)은 진(晉)나라의 대부인 조간자(趙簡子)의 땅 중모(中牟)를 다스리는 읍재(邑宰)다. 우리로 치면 군수에 해당하는 지방 관리이다. 그 필힐이 공자를 부르고 공자는 가려고 한다. 앞에서 공산불요가 부르자 가려 했던 것과 상황이 똑같다. 일종의 반란 세력인데 그가 부르자 공자는 가려 했다. 그러나 결국 공자는 가지는 않았다. 그렇다면 이상의 이 세 가지가 보여주는 공자의 모습을 우리는 어떻게 이해해야 할까?

남송의 학자 장경부(張敬夫)의 풀이가 핵심을 찌른다.

자로가 예전에 들었던 것은 군자가 몸을 지키는 떳떳한 법(法)이요, 공자께서 지금 말씀하신 것은 성인(聖人)이 도리를 몸소 행하는 큰 권도(權道)이다. 그러나 공자께서 공산과 필힐의 부름에도 모두 가려고 하셨던 것은 천하에 변화시킬 수 없는 사람이 없고 할 수 없는 일이 없다고 생각하셨기 때문이며, 끝내 가시지 않은 것은 그 사람을 끝내 변화시킬 수 없고 그 일을 끝내 할 수 없음을 아셨기 때문이니, 하나는 만물을 생성시키는 인(仁)이고 하나는 사람을 알아보는 지혜[知人之鑑]이다.
지인지감

180

아무리 좋은 미덕도 상황을 무시하면 병폐만 드러난다. 도리를 익히는 것도 중요하지만 도리를 행함에 있어 상황, 즉 현실 권력 관계를 고려하는 것이 더욱 본질적인 것임을 공자는 몸소 보여주고 있는 것이다. 그것은 때로는 일의 이치보다 위에 있는 일의 형세[事勢=命]를 말한다. 『논어』의 편집자는 필힐의 사례 바로 다음에 공자의 예론(禮論)을 신고 있는데 이때의 예는 다름 아닌 사리분별로 파악할 때 명확하게 이해된다. 공자가 말해 주는 대상도 다름 아닌 '도덕주의자' 자로다.

공자가 말했다. "유(由-자로)야, 너는 여섯 가지 좋은 말[六言]과 그에 따른 여섯 가지 폐단[六蔽]에 대해 들어보았느냐?"

이에 자로는 "아직 들어보지 못했습니다"라고 답했다.

그러자 공자는 말했다. "앉거라! 내가 너에게 말해 주마. 어짊[仁]을 좋아하기만 하고 (그에 필요한) 배움은 좋아하지 않는다면 그 폐단은 어리석게 된다[愚]는 것이다. 사람을 평하고 논하기[知=知人]를 좋아하기만 하고 배움은 좋아하지 않는다면 그 폐단은 쓸데없는 데 시간과 노력을 탕진하는 것[蕩]이 된다. 신의[信]라고 하여 하나만 잡고서 배움을 좋아하지 않는다면 그 폐단은 잔인해진다[賊=殘]는 것이다. 곧은 것[直]을 좋아하고 배우기를 좋아하지 않으면 그 폐단은 너무 강퍅해진다[絞]는 것이다. 용맹[勇]을 좋아하기만 하고 배우기를 좋아하지 않으면 그 폐단은 어지러워진다[亂]는 것이다. 강한 것[剛]을 좋아하기만 하고 배우기를 좋아하지 않으면 그 폐단은 경솔하게 된다[狂]는 것이다."
광

이때 배운다는 것은 다름 아닌 사리로서의 예를 배운다는 것이다. 한 가지만 풀어보자. 어짊을 좋아하기만 하고 그에 따른 예, 즉 사리 분별을 배우지 않을 경우 상황 판단을 하지 못해 결국은 어리석은 자가 되고 만다는 뜻이다. 나머지 다섯 가지도 똑같다.

설익은 곧음이
오히려 화를 부른다

조광조의 예정된 실패

조광조(趙光祖)에 대해서는 지금도 양극단의 평가가 존재한다. 불운한 혁명가니 실패한 개혁자니 하는 것은 그의 뜻을 존중하는 평가다. 현실에서는 실패했지만 그의 뜻만은 높이 사야 한다는 것이다. 반면 미숙함, 편 가르기와 패거리주의, 경박함, 현실 정치력의 부재 등은 주로 기성세력을 존중하는 쪽에서 조광조를 비판하는 메뉴들이다. 어느 하나의 평가가 실상에 적중한다고 할 수는 없을 것이다. 세상일이나 사람에게는 언제나 다양한 요소들이 어우러져 있기 때문이다. 다만 여기서는 보다 냉철하게 중종 시대의 좌절한 청년 개혁가 조광조의 면모를 살피기 위해 퇴계 이황과 율곡 이이의 도움을 얻고자 한다.

퇴계는 조광조를 이렇게 평했다. "정암(靜庵-조광조의 호)은 타고난 성질이 신실하고 아름다우나 학문이 충실하지 못하였다. 그래서 (정치에서) 시행한 것이 사리에 지나쳐 합당하지 않은 것이 있었다. 그러므로 마침내 일이 실패하는 데 이르고 말았다. 만약에 학문이 충실하고 덕성과 재능이 성취된 뒤에 나아가서 정사를 담당하였더라면 어디까지 나아갔을지 쉽게 헤아릴 수 없을 것이다."

퇴계보다는 젊은 세대인 율곡은 『석담일기』에서 이렇게 평했다. "그는 어질고 밝은 자질과 나라 다스릴 재주를 타고났음에도 학문이 채 이루어지기도 전에 정계에 나선 결과 위로는 왕의 잘못을 바로잡지 못하고 아래로는 구세력의 바람도 막지 못하였다. 그는 도학을 실천하려고 왕에게 왕도를 이행하도록 간청하였으나 그를 비방하는 입이 너무 많아 비방의 입이 한번 열리자 결국 몸이 죽고 나라를 어지럽게 하였으니 후세 사람들이 그의 행적을 경계로 삼는다."

두 사람의 공통된 지적은 곧 '학문의 부족'이다. 그것은 배움이 부족했다는 것이고 그 배움이란 다름 아닌 예에 대한 공부라는 점에서 사리분별의 훈련이 부족했다는 뜻이다.

조광조는 1482년(성종 13년) 한양에서 태어났다. 사실 이때는 조선이 태평성대를 이루던 때였다고도 할 수 있다. 무엇보다 성종의 무난한 정치가 본격화되기 시작했던 시점이기도 했다. 성종 시대에는 이렇다 할 업적도 없었지만 그렇다고 조정에 큰 화(禍)를 부른 정쟁도 없었다. 왕조 국가에서 신하들로서는 그것만으로도 '태평성대'였다.

그런 점에서 조광조는 태생적으로 불운을 안고 태어났는지 모른다. 성종의 치세는 그가 12세이던 1494년(성종 25년) 끝나고 연산군의 시대가 시작되고 있었다. 세상에 눈을 뜨게 될 나이에 폭정(暴政)의 단서가 열리고 있었던 것이다.

조광조의 이름이 실록에 처음 등장하는 것은 1507년(중종 2년) 윤1월 26일 모종의 사건에 연루돼 문초를 당할 때였다. 한양에 올라왔을 때 뜻밖에도 그와 생각을 같이하는 신진 인사들이 적지 않았다. 이때 친구들과 어울려 시국을 논하고 "요즘 유생들은 과거에만 몰두하느라 성리학을 탐구하지 않는다"는 등의 이런저런 이야기를 했다가 일종의 역모(逆謀)로 몰릴 뻔한 것이다.

그러나 조광조는 무관함이 밝혀져 3년 후인 1510년(중종 5년) 사마시에 장원으로 급제, 진사가 되어 성균관에 들어가 공부를 할 수 있었다. 이때 그의 나이 벌써 서른을 바라보고 있었으니 상당히 늦은 편이었다.

안당(安塘) 등의 후원에 힘입어 이미 한양 지식인 사회에서는 '사성십철(四聖十哲)'이니 하여 소장파들을 중심으로 도학 정치를 꿈꾸는 젊은 유학자들이 속속 네트워크를 형성하고 있었다. 원래 '사성십철'이란 공자의 제자 중에서 안자, 증자, 자사와 함께 맹자를 포함시켜 '사성'이라고 했고 그 밖에 뛰어난 제자 열 명을 일컬어 '십철'이라고 했다. 아마도 성균관의 젊은 유생들이 호기를 부려 그 같은 별명을 스스로에게 붙였던 것으로 보이는데 그만큼 당시에는 성리학 본연의 전통을 되살려야 한다는 지적 흐름이 강했다는 증거이기도 하다. 하지만 보기에 따라서는 독선과 교만일 수도 있었다.

이렇게 해서 중종의 총애를 받은 조광조는 승진에 승진을 거듭해 1519년(중종 14년) 새해를 종2품 대사헌으로서 맞았다. 왕의 총애를 받는 대사헌이란 자리는 막강한 권한을 갖고 있었다. 마침내 10월 대사헌 조광조가 칼을 뽑았다. 대사간 이성동과 함께 위훈 삭제를 요구하고 나선 것이다. '반정 3훈'은 세상을 떠났지만 정국공신 명단에 올랐던 가짜 공신들이 중앙 권력을 여전히 장악하고 있었다. 게다가 정국공신 1등에 올랐던 홍경주는 살아 있었다. 중종은 훈구와 사림의 상호 견제와 균형을 통해 왕권을 강화하려 했는지 모른다. 조광조는 이 점을 과소평가했다. 내친 김에 훈구의 뿌리를 통째로 뽑아버리려 했다. 훈구의 격렬한 반발에도 불구하고 마침내 11월 조광조는 일곱 차례의 주청을 통해 위훈 삭제를 관철했다. 2등, 3등 공신 일부와 4등 공신 전원이 훈작(勳爵)을 삭탈당했다. 전체의 4분의 3에 달하는 76인의 훈작이 날아갔다. 당위(當爲)에도 불구하고 그것은 반동(反動)을 부르기에 충분했다.

훈구의 전횡도 싫었지만 사림의 독선에도 중종은 넌덜머리를 내기 시작했다. 위훈 삭제가 이뤄진 지 불과 4일 만에 훈구파는 대대적인 반격에 나선다. 중종의 생각이 반(反)사림으로 돌고 있음을 간파한 두 사람이 있었다. 남곤(南袞)과 심정(沈貞)이 그들이다. 결국 중종은 당파를 형성하려 했다는 이유를 들어 조광조 일파를 잡아들인다. 처음에는 국문도 않고 죽이려 했으나 여의치 않자 일단 조광조, 김정(金淨), 김구, 김식, 윤자임 등을 옥에 가두었다. 그 후 조광조와 김정, 김구, 김식 등은 사형을 시키기로 했으나 영의정 정광필이 눈물로 호소하여 일단 능주(綾州-전남 화순)로 유배되는 선에서 마무리되는 듯했다. 그러나 훈구파의 김전, 남곤, 이유청이 각각 영의정, 좌의정, 우의정에 올라 유배를 가 있던 조광조 일파에게 사약을 내리도록 중종을 설득했다. 결국 한 달 후인 12월 20일 조광조에게 사약이 내려왔다.

조광조에게 꼭 전하고 싶은 공자의 말로 글을 맺는다. 앞서 본 바 있는 『논어』 '헌문 편'에 나오는 말이다.

> 자공이 이렇게 말했다. "(아무리 그렇게 말하셔도) 관중은 어진 사람이라고 할 수는 없을 것입니다. 환공이 공자 규를 죽였는데도 기꺼이 따라 죽지 못했고 또 환공을 돕기까지 했습니다."
>
> 공자가 말했다. "관중이 환공을 도와 제후의 패자가 되게 하여 한 번 천하를 바로잡아 백성들이 지금까지 그 혜택을 받고 있으니, 관중이 없었다면 우리는 머리를 헤쳐 풀고 옷깃을 왼편으로 하는 오랑캐가 되었을 것이다. 어찌 필부필부들이 작은 신의를 지키기 위해 스스로 목매 죽어서 시신이 도랑에 뒹굴어도 사람들이 알아주는 이가 없는 것과 같이 하겠는가?"

마지막 문장은 다름 아닌 필부의 용기[匹夫之勇]에 대한 비판임과 동시에 아녀자의 어짊[婦人之仁]에 대한 비판이기도 하다. 사리분별의 출발은 필부의 용기, 아녀자의 어짊을 넘어서는 데서 출발하는 것임을 명확하게 보여주는 공자의 일갈이다.

직언에도
비결이 있다

직언, 직간에 대한 속유들의 오해

공자의 제자 중에서 예, 즉 사리에 밝았던 자유(子游)는 『논어』 '이인 편'에서 이렇게 말했다.

"임금을 섬기면서 자주 간언하게 되면 욕을 당하게 되고, 붕우 사이에 자주 충고를 하면 소원해진다."

속유(俗儒)들은 공자의 말을 자주 오해하여 임금에게 직언(直言), 직간(直諫)하는 것만이 바른 도리인 듯이 말하지만 실은 그렇지 않음을 분명하게 보여주는 대목이다. 거기에는 사람의 미묘한 심리에 대한 통찰이 숨어 있다. 이 점을 송나라 유학자 호인(胡寅)은 이렇게 풀어낸다.

임금을 섬김에 간언하는 말이 행해지지 않으면 마땅히 그 곁을 떠나야 하고, 벗을 인도함에 좋은 말이 받아들여지지 않으면 마땅히 중지해야 하니, 번거로운 지경에 이르면 말하는 자는 가벼워지고 듣는 자는 싫어한다. 이 때문에 영화를 구하다가 도리어 욕을 당하고 친하기를 구하다가 도리어 소원해지는 것이다.

군신(君臣)이나 붕우(朋友)는 부모나 형제처럼 피로 맺어진 것이 아니라 의리로 맺어진 것이다. 공자는 부모에게도 조심스럽게 간언하다가 듣지 않으면 자신을 돌아보라 했다. 하물며 남남이나 다름없는 사람들이 만나 의리로 맺은 임금과 신하나 벗 사이에는 더욱 조심함이 있어야 한다. 정약용의 풀이는 이런 맥락에서 볼 수 있다.

의리로 서로 맺은 사이라도 삼감[敬]이 없으면 오래가지 못한다.
_경

사실 정약용의 이 말은 원래 공자가 '공야장 편'에서 안평중(晏平仲)이라는 사람이 벗을 잘 사귄다며 그 비결이 "오래가는데도 삼간다[久而敬之]"고 말한 데서 온 것이다. 『한서』 서전(敍傳)에는 주로 반고가 자기 집안의 내력을 적고 있는데 그중에 반고의 큰할아버지 반백(班伯)이 성제(成帝)에게 지혜로운 간언을 올리는 장면이 담겨 있다.

때마침 허(許) 황후가 폐위됐고 반(班) 첩여는 동궁(東宮-성제의 어머니)을 봉양했으며 가까이에서 모시던 이평(李平)은 첩여가 됐고 조비연(趙飛燕)은 황후가 됐는데 반백은 마침내 위독해졌다. 상(上)이 대궐을 나와 반백을 문병하니 반백은 일어나 일을 보았다.

대장군 왕봉(王鳳)이 훙(薨)한 뒤부터 부평후(富平侯) 장방(張放)과 정릉후(定陵侯) 순우장(淳于長) 등이 비로소 총애를 받아 성제가 외출하여 미행하게 될 때에는 밖에 나아서는 같은 수레를 타고 고삐를 잡았으며 궁중에서 입시할 때나 잔치를 거행할 때에는 조비연이나 이평 그리고 여러 시종들이 다 가득 찬 잔을 비우며 담소하고 큰 소리로 웃었다. 이때 한번은 성제가 그림 병풍을 펼쳐 보이니 술에 취한 주왕(紂王)이 달기(妲己)를 타고 앉아 밤을 새우며 즐기는 그림이었다.

상이 반백을 일으켜 입궐하게 하고서 여러 차례 눈짓으로 예를 표했고 그림을 가리키며 반백에게 물었다.

"주(紂)의 무도함이 이 지경이었는가?"

반백이 대답했다.

"『서경』에 이르기를 '마침내 부인의 말을 썼다'라고 했지만 어찌 조정에서 이렇게 방자하게 했겠습니까? 이른바 온갖 악(惡)이 다 (하류로) 몰린다고 했지만 이렇듯 심하지는 않았습니다."

상이 말했다.

"만일 실제로 그와 같지 않았다면 이 그림은 무엇을 경계하는 것인가?"

190

반백이 말했다.

"술에 깊이 빠진 것이 미자(微子)가 떠나간 까닭입니다. '고함치고 소리치도다[『시경(詩經)』 대아(大雅) 탕(蕩) 편]'라는 것은 대아(大雅)에서 시인이 눈물을 줄줄 흘린 까닭입니다. 『시경』과 『서경』에서 음란함에 대한 경계의 원천은 다 술에 있습니다."

상은 마침내 크게 탄식하며 말했다.

"내가 오랫동안 반생(班生)을 만나보지 못하다가 오늘에야 다시 바른말[讜言=直言]을 듣는구나!"

엄격히 말하면 반백은 직언을 한 것이 아니라 에둘러 간언하는 풍간(諷諫)을 올린 것이다. 다행히 성제는 풍류를 좋아하면서도 바른 도리의 중요성은 이해할 줄 아는 귀 밝은[聰] 군주였다. 그랬기에 반백의 완곡한 간언에 담긴 속뜻을 간파한 것이다. 간언하는 이치[禮]와 간언을 받아들이는 이치[禮]와 관련해 공자는 '자한 편'에서 이렇게 말한다.

"바르게 타이르는 말[法語]은 따르지 않을 수 있겠는가? (그러나) 잘못을 고치는 것이 중요하다. 완곡하게 에둘러 해주는 말[巽言]은 기뻐하지 않겠는가? (그러나) 그 실마리를 찾는 것이 중요하다. 기뻐하기만 하고 실마리를 찾지 않으며, 따르기만 하고 잘못을 고치지 않는다면 내 그를 어찌할 수가 없다."

반백이 했던 말이 손언(巽言)이다. 그런데 성제는 분명 기뻐하기만 했지 그 실마리를 찾아 고치지는 않았다. 한나라의 멸망의 원인(原因)이 아닌, 원인(遠因)을 찾을 때 성제에까지 거슬러 올라가는 이유도 그가 결국은 좋은 말을 듣기만 했을 뿐 따르고서 고치지는 않았기 때문이다.

손언을 내팽개친 조헌의 상소

조선 중기의 선비 조헌(趙憲, 1544~1592년)은 여러모로 공자의 제자 중에 우직했던 자로를 연상시키는 인물이다. 집이 몹시 가난해 추운 겨울에 옷과 신발이 다 해어졌어도 눈바람을 무릅쓰고 멀리 떨어진 글방 가는 것을 하루도 쉬지 않았으며 밭에 나가 농사일을 도울 때나 땔감을 베어 부모의 방에 불을 땔 때에도 책을 손에서 떼지 않았다고 한다. 24세 때인 1567년(선조 즉위년) 문과에 급제했고 1568년(선조 원년) 관직에 올라 정주목·파주목·홍주목의 교수를 역임하면서 사풍(士風)을 바로잡았다는 평을 듣는다. 그런데 서인(西人)의 입장을 강경하게 유지해 이이와 성혼을 지지하면서 고비고비에서 강경한 상소를 많이 올렸다. 1587년(선조 20년) 서인에서 동인(東人)으로 전향한 정여립(鄭汝立)의 흉패함을 앞장서 논박하는 만언소(萬言疏)를 지어 5차에 걸쳐 상소문을 올렸으나 모두 받아들여지지 않았다. 다시 일본 사신을 배척하는 소(疏)와 동인의 영수 이산해(李山海)가 나라의 그르침을 논박하는 소를 대궐문 앞에 나아가 올려 선조의 진노를 샀다. 그리고 1589년(선조 22년) 4월 그는 전(前) 교수의 신분으로 지부상소(持斧上疏), 즉 목숨을 내놓는다는 의미에서 도끼를 들고 소를 올렸다. 그의 소는 바로 손언을 언급하는 것으로 시작한다.

신이 변변치 못하나 또한 혈기가 있으니 어찌 겸손한 말[巽言]로 몸을 보전하는 것이 의리가 된다는 것을 모르겠습니까. 다만 나라를 근심하는 한 생각이 시골에 있으면서도 환하기 때문에 성주(聖主)께서 위망(危亡)한 지경으로 들어가는 것을 신은 차마 그냥 보고 있을 수가 없습니다.

이어 조헌은 조정을 이끌고 있던 반대당 동인 대신들의 이름을 열거하며 비판을 가한다.

정언신(鄭彦信)은 편견만을 고집해 밀가루 없이 수제비를 빚어내도록 기필하여 만백성이 모두 죽게 만들었으니 무슨 방책으로 백성들을 안정시켜 국운을 계속 연장시킬 수 있겠습니까?

김귀영(金貴榮)은 전에 재물을 부당하게 모았다는 탄핵이 있었고 뒤에는 어진 이를 해쳤다는 논의가 있어 공론이 허여하지 않자 이에 백유양(白惟讓)의 당여와 결탁하여 정권을 잡고 은총을 독차지하려는 계책을 세웠습니다.

유전(柳㙉)은 장수를 천거함에 오로지 뇌물만을 숭상하였으므로 심암(沈巖)이 패하여 군사가 몰살되었고 상벌(賞罰)을 내림에 오직 성세(聲勢)만을 보았으므로 서예원(徐禮元)이 적병을 불러들였습니다. 약방(藥房)의 제조(提調)로 있으면서는 군부(君父)의 병환을 대수롭지 않게 보았으며, 중국에 사신으로 가서는 군부의 명을 크게 욕되게 하고도 벼슬의 제수에는 사양하지 않았으니 나라를 망치고 집을 패망시킨 뒤에야 그만두려는 것입니다. 그런데도 그를 만민이 모두 우러르는 정승의 지위에 앉혀두고 반드시 뛰어난 이를 해치고 나라를 병들게 하시니 자못 원신(遠臣)으로서는 이해하지 못할 일입니다.

유전(柳㙉)은 선조 때 영의정을 지낸 인물이다. 조헌의 포화는 유성룡(柳成龍)도 피해가지 못했다.

유성룡 같은 자는 평생 한 일이 일체 뛰어난 이를 해치는 일만 힘쓰고서도 뉘우쳐 깨닫고 애처롭게 여기는 단서가 있다는 말을 듣지 못했으니 어찌 전하를 위하여 다 말하려 하겠습니까?

이어 동인이 장악한 조정으로 인해 생겨나는 폐단들을 열거한다.

이러하니 당하(堂下)의 관료들은 이 사람들에게 붙은 뒤에야 시종(侍從)이 될 수 있고, 무인이나 남반(南班)으로서 버림을 당한 자는 오직 이들의 논의에 붙은 뒤에야 외직에 승진될 수 있습니다. 말할 만한 선비를 찾아내어 하나하나 멀리 배척하고 하집중(河執中), 계가 (季可) 같은 무리들만을 취해다가 요직에 배치하였기 때문에 번갈아 가며 간사한 속임수를 부리고 있습니다. 그리하여 요로에 있는 간악한 대신은 논하지 않고 오직 작은 고을 수령이나 말단 관원만을 논박하며, 나라가 위망해지는 상황은 걱정하지 않고 오직 그 당여들의 소굴에 대한 안전만을 도모할 뿐입니다. 그 가운데 청론(淸論)을 주장하는 것으로 이름난 자도 오직 좀도둑만 논할 뿐 큰 도둑은 감히 지척하여 논하지 못합니다. 전하께서 대신과 언책(言責)의 반열에 있는 자를 보실 적에 누가 주운(朱雲)처럼 난간을 부러뜨리면서까지 극력 간언할 자이겠습니까?

주운(朱雲)은 한나라 성제 때의 사람으로 당시 권세를 마음대로 하던 무리를 배척하였는데 특히 안창후(安昌侯) 장우(張禹)를 참 (斬)하도록 주장하다가 황제의 노여움을 사서 어사(御史)에게 끌려가게 되었을 때 붉은 난간을 붙잡고 버티면서 극언(極言)을 계속하다가 난간이 부러진 것으로 이름났다.

그러나 조헌의 상소는 그 실상의 옳고 그름을 떠나 이미 도를 넘고 있었다. 무엇보다 조정 신하들이 정말 이런 소인배들이라면 그들을 쓴 장본인 선조가 결국은 눈 밝지 못하다[不明]는 말이었기 때문이다. 조헌의 마지막 칼날은 역시 동인의 영수 이산해를 향했다.

이산해가 정승이 되어서는 국사가 중대함은 생각하지 않고 오직 사당(私黨)만을 끌어들이려는 마음을 품었기 때문에 현인을 해치고 일을 그르치는 사람을 나라를 근심하는 노성(老成)한 사람보다 먼저 등용하고 군국(軍國)의 중대한 일은 일체 이조와 병조에 달려 있는데도 곧 나라를 좀먹는 간사한 자를 그 지위에 나누어 배치시키고 공심(公心)을 가진 사람을 배척하였습니다. 전곡(錢穀)의 관리에 이르러서도 사인(私人)이 주관하게 하고 관각(館閣)의 선임(選任)도 항상 아첨하는 소인에게 맡겼습니다. 그리고 언책(言責)과 시종의 반열에도 그의 심복이나 앞잡이가 아니면 온갖 계책으로 은밀히 배척하여 고매하고 방정(方正)한 선비로 하여금 일절 왕의 처소에 가까이 가지 못하게 합니다. 아, 이산해의 마음은 어느 지경에 이르렀겠습니까? 기필코 전하를 무함하고 속일 수 있다고 여기는 것입니다.

이 글은 누가 보아도 서인은 군자, 동인은 소인이라는 극단적 이분법에 기초한 것이다. 공자가 보았다면 한마디로 부지례자(不知禮者), 즉 예를 모르는 사람이라 했을 것이다. 당시 실록 사관의 평이다. 특히 이 글은 서인이 훗날 수정한 『선조수정실록』에 실려 있다는 점에서 눈길을 끈다.

인물의 본품(本品-바탕과 자질)을 논하지 않고 오로지 재위(在位)한 자를 그르다 하고 실지(失志)한 자를 옳다 함으로써 감동시키기를 바란 것으로서 자신의 말이 과도한 것은 미처 알지 못하였다. 그러나 조헌의 위태로운 말과 준엄한 비난은 고금을 통해 없던 것이었는데도 유배에 그쳤으니 아마도 밝은 임금이 위에 계시어 거칠고 우직한 것을 포용하지[包荒容直] 않았다면 중형을 면하기 어려웠을 것이다.
포황 용직

당쟁 초기여서 그런지 같은 서인이라도 조헌의 이런 모습까지는 옹호하기 어려웠던 것으로 보인다. 조헌은 이 상소로 인해 길주 영동 역(嶺東驛)에 유배됐으나 이해 정여립의 모반 사건으로 동인이 실각하자 풀려났다.

1591년(선조 24년) 일본의 도요토미 히데요시(豊臣秀吉)가 겐소(玄蘇) 등을 사신으로 보내 명나라를 칠 길을 빌리자고 하여, 조정의 상하가 어찌할 바를 모르고 있을 때, 옥천에서 상경, 또다시 지부 상소로 대궐문 밖에서 3일간 일본 사신을 목 벨 것을 청했으나 받아들여지지 않았다. 1592년(선조 25년) 4월 임진왜란이 일어나자 옥천에서 문인 이우(李瑀), 김경백(金敬伯), 전승업(全承業) 등과 의병 1,600여 명을 모아 8월 1일 영규(靈圭)의 승군(僧軍)과 함께 청주성을 수복했다. 그러나 충청도 순찰사 윤국형(尹國馨)의 방해로 의병이 강제 해산당하고 불과 700명의 남은 병력을 이끌고 금산으로 행진, 영규의 승군과 합진해서, 전라도로 진격하려던 왜군과 8월 18일 전투를 벌인 끝에 중과부적으로 모두 전사했다. 자로를 닮은 조헌다운 최후였다.

신뢰를 얻지 못한 간언은 비방이다

'유붕자원방래'의 본뜻으로 돌아가야 한다

『논어』'이인 편'에서 공자의 제자 자유는 이렇게 말한다.

"임금을 섬김에 자주 간하면 욕을 당한다."

흔히 직언, 직간만을 강조해 온 성리학이나 주자학에 익숙한 우리가 볼 때는 조금은 낯선 소리다. 그러나 '자장(子張) 편'에서 또 다른 공자의 제자 자하(子夏)는 이 이유를 이렇게 말한다.

"윗사람에게 믿음을 준(혹은 신임을 얻은) 연후에 간언해야 하는 것이니, 만일 믿음을 주지 못하고서 간하면 윗사람은 자신을 헐뜯는다고 여길 것이다."

지극히 현실적인 인간관계를 염두에 두고서 한 말이다. 사실 공자
도 바로 이런 뜻에서 한 말이 있는데 지금도 우리는 그것을 크게 오
해하고 있다.

'유붕자원방래(有朋自遠方來) 불역낙호(不亦樂乎)'가 바로 그것이
다. 애초에 오역을 하고 있으니 그 뜻을 제대로 알 길이 없다. 기존의
흔한 번역이다. '벗이 있어 먼 곳에서 찾아오니 즐겁지 아니한가?' 이
오역의 방점은 '먼 곳'에 찍혀 있다. 물론 먼 곳에서 벗이 찾아오면 반
갑다. 그러나 이런 정도의 내용이 『논어』의 첫머리 세 가지 중의 두
번째를 차지할 수는 없다. 만일 이런 번역이 맞다고 한다면 반문을
해보겠다. 가까이에서 자주 보는 친구가 찾아오면 즐겁지 않다는 말
인가? 공자가 기껏 가까이에서 자주 보는 친구보다는 먼 곳에서 오
랜만에 찾아온 벗에게 즐거운 마음을 가지라는 『명심보감(明心寶
鑑)』만도 못한 처세의 노하우를 던졌고 또 미지의 편집자는 그 뜻을
받아 『논어』의 첫머리 세 가지 중의 두 번째 자리에 두었겠는가? 당
연히 아니다.

이런 오역에서 벗어나는 첫 번째 실마리는 붕(朋)에 있다. 붕은 그
냥 친구가 아니다. 뜻을 같이 하는 친구[同志之友]가 붕이다. 임금
으로부터 신임을 받고 있는 신하다. 두 번째는 원(遠)이다. '멀다'는
뜻밖에 모르면 우리는 한 걸음도 나아갈 수 없다. 여기서 원(遠)은
'멀다'가 아니라 '밝다'는 뜻이다. 『논어』'안연(顏淵) 편'에 나오는 다

음 구절에서 원이 무슨 뜻인지를 살펴보기 바란다.

자장이 밝다 혹은 밝음[明]에 관해 물었다. 공자가 말했다. "점점
젖어드는 (동료에 대한) 참소와 살갗을 파고드는 (친지들의 애끓는) 하
소연을 (단호히 끊어) 행해지지 않게 한다면 그것이야말로 밝다[明]
고 말할 수 있다. (그 같은) 점점 젖어드는 (동료에 대한) 참소와 살갗
을 파고드는 (친지들의 애끓는) 하소연을 (단호히 끊어) 행해지지 않
게 한다면 그것이야말로 (어리석음과 어두움으로부터) 멀다[遠]고 말
할 수 있다."

요즘은 참소나 참언[讒]이란 말보다는 중상모략, 무고, 헐뜯기 등
이 더 자주 사용된다. 공자의 이 말도 군주나 지도자를 향해 하는
말이다. 리더가 미리 알아서 신하들 간에 실상과 동떨어진 중상모략
이 행해지지 않게 하고 주변 사람들의 사사로운 청탁을 끊어낼 때
그 리더십은 공명정대하다[明=遠]는 평가를 들을 수 있다는 말이다.
붕(朋)과 원(遠)을 풀면 거의 다 된 셈이다.

무엇보다 리더의 열린 마음이 전제다

유붕자원방래란 말은 결국 신하들 중에 신뢰하며 뜻을 같이하는
신하가 있는데 먼 곳에, 즉 군주 주변의 사사로운 측근이나 근신이

200

나 후궁들이 늘 해대는 익숙한 세계[近]에서 벗어난 곳에 가서 공정하고 비판적이고 때로는 귀에 거슬릴 수도 있는 불편하지만 곧은 이야기들을 듣고서 바야흐로 들어온다는 말이다. 그러면 당연히 어떤 식으로건 그런 이야기를 다양한 방식으로 전할 수밖에 없다. 그것은 군주로서 불편한 정도를 넘어 불쾌하고 크게 화가 날 수도 있다. 그러나 만일 그렇게 한다면 아무리 신뢰를 공유하고 뜻을 같이한다 해도 신하의 입장에서 쉽게 말을 꺼내기가 어렵다. 그것은 온전히 군주의 마음 자세에 달렸다. 겉으로만 즐거워해서도 신하는 입을 떼기 어렵다. 진실로[亦] 그러할 때라야 신하는 조심스럽게 군주의 허물들을 피하지 않고 전달할 수가 있다.

눈 밝은 독자라면 벌써 알아차렸을 것이다. 고대 중국으로부터 우리 조선 시대까지 면면하게 이어진 언관(言官)의 간쟁(諫爭) 정신은 바로 이 같은 임금의 열린 마음이 전제될 때 제대로 발휘될 수 있었다.

이것이 지금까지 필자가 10여 년 『논어』 공부를 통해 알아낸 '유붕자원방래(有朋自遠方來)'의 속뜻이었다. 그러나 최근 『주역』 공부를 통해 이를 더욱 심화할 수 있는 기회를 가졌다. 감괘(坎卦, ☵ ☵)의 밑에서 네 번째 음효에 대한 풀이 덕분이다. 이를 소개한다. 이른바 감괘의 육사(六四-밑에서 네 번째 음효)에 대한 주공의 풀이다.

한 동이 술과 두 그릇의 밥을 질그릇에 담고 마음을 결속시키기를 창문을 통해서 하면 끝내는 허물이 없다.

무슨 시구처럼 보이는 이 모호한 표현을 송나라 학자 정이천(程伊川)은 이렇게 풀어냈다.

이는 신하 된 자로서 위험에 대처하는 도리[處險之道]를 말하고
있다. 대신이 위험과 어려움의 때에 직면했을 때에는 오직 지극한 열
렬함으로 임금에게 믿음을 보이고 군자와의 사귐을 튼튼하게 해서
틈이 생겨서는 안 되고 또한 능히 임금의 마음을 열어 밝히며[開明]
가히 허물이 없는 상태를 보존할 수 있다. 무릇 윗사람의 두터운 신
임을 바란다면 오로지 그 질박한 진실함[質實]을 다할 뿐이다. 허례
허식을 많이 하고 꾸밈을 요란하게 하는 데에는 음식을 잘 차린 잔치
만 한 것이 없으므로 잔치를 갖고서 비유한 것이니 이는 마땅히 요란
하게 꾸미지 말고 오직 질박한 진실함만으로 군주를 대해야 함을 말
한 것이다. 즉 한 동이 술과 두 그릇의 밥만 사용하되 다시 소박한 질
그릇을 집기로 사용하는 것은 질박함이 지극한 것이다.

그 질박함이 이와 같고 또 모름지기 '마음을 결속시키기를 창문을
통해서' 해야 한다. 마음을 결속시킨다는 것은 군주에게 나아가 군주
의 마음을 결속시키는 방도를 말한다. 창문[牖]이란 열어서 빛을 통
하게 하는 것이다. 방은 어둡기 때문에 창문을 두어 빛을 통하게 해
서 밝힌다. 창문을 통해서 한다는 것은 빛이 통하는 밝은 곳으로부
터 먼저 한다는 말이니 군주의 마음이 밝은 곳을 비유한 것이다.

남의 신하 된 자가 진실한 믿음[忠信]과 좋은 도리[善道]로 군주
의 마음을 결속시키려 할 때에는 반드시 군주가 밝게 알고 있는 곳

에서부터 먼저 하면 쉽게 이해시킬 수 있다. 사람의 마음이란 가려져 막힌 곳이 있고 쉽게 통할 수 있는 곳이 있다. 가려져 막힌 곳이 어두운 부분이고 쉽게 통할 수 있는 곳이 밝게 알고 있는 부분이다. 마땅히 그가 밝게 알고 있는 부분을 취해서 설명하고 이해시켜 신임을 구한다면 쉽다. 그래서 '마음을 결속시키기를 창문을 통해서' 한다고 한 것이다. 이렇게 한다면 설사 위험하고 어려운 때에 처하더라도 끝내는 허물이 없을 수 있다. 또 군주의 마음이 환락에 빠져 가려져 있다면 그것은 마음이 가려졌기 때문일 뿐이다. 그런데 강력하게 그 환락의 잘못됨만을 비판하여 군주가 진심으로 반성하지 않는다면 어찌겠는가? 반드시 가려져 있지 않은 일에서부터 차근차근 미루어 헤아려 가려진 부분을 언급한다면 그 마음을 깨칠 수가 있는 것이다.

명(明)이란 창문 중에서도 가장 밝은 남쪽 창문, 즉 임금도 공감할 수 있는 밝은 도리를 가리킨다. 이렇게 해서 임금의 마음을 바꾼 사례로 정이천은 한나라 유방이 척희(戚姬-척부인)를 아껴 태자를 유여의로 바꾸려 했을 때 그의 마음을 바꾼 사호(四皓)의 이야기를 든다. 반고의 『한서』 '장량전(張良傳)'이다.

유방의 마음을 바꾼 상산사호, 무제의 마음을 바꾼 전천추

한나라 12년 상이 나아가 경포의 군대를 쳐서 깨트리고 돌아왔는데 병이 더 심해지자 더욱더 태자를 바꾸고 싶어 했다. 장량이 간언했으나 들어주지 않자 장량은 병을 핑계로 정사를 돌보지 않았다. 숙손태부(叔孫太傅)는 고금의 일을 끌어들여 설득하며 죽음을 무릅쓰고 태자를 위하는 간쟁을 했다. 상은 거짓으로 그러겠노라고 했지만 오히려 어떻게든 바꾸고 싶어 했다. 연회가 열려 술자리가 마련됐는데 태자가 상을 모시게 됐다. 네 사람이 태자를 시종했는데 나이가 모두 80여 세이었고 수염과 눈썹이 은빛으로 희었으며 의관이 몹시 훌륭했다.

상이 이들을 괴이하게 여겨 "저들은 무엇을 하는 자들인가?"라고 하자 네 사람은 앞으로 나아가 대답하며 각자 자신의 이름과 성을 말하기를 동원공(東園公), 녹리선생(角里先生), 기리계(綺里季), 하황공(夏黃公)이라고 했다.

이에 상은 크게 놀라며 말했다.

"내가 그대들을 찾은 것이 여러 해인데 그대들은 나를 피해 달아나더니 지금은 어찌 스스로 내 아이를 따르며 교유하고 있는가?"

네 사람이 모두 말했다.

"폐하께서는 선비를 하찮게 여기고 욕도 잘하시니 신들이 욕을 먹지 않을까 걱정했습니다. 그래서 두려운 마음에 달아나 숨었던 것입니다. 남몰래 듣건대 태자께서는 사람됨이 어질고 효성스러우며 공손하고 삼가면서[仁孝恭敬] 선비를 아끼시니 천하에서는 목을 빼고서
인효 공경
태자를 위해 죽으려고 하지 않는 자가 없을 정도이므로 그 때문에 신들이 온 것일 뿐입니다."

상이 말했다.

"번거롭겠지만 그대들은 잘해서 끝까지 태자를 보살피며 지켜주시오."

네 사람이 축수를 이미 마치고 총총히 떠나가자 황상은 그들을 멀리 안 보일 때까지 전송했다.

한나라 역사에서 이 같은 지혜로운 간언을 했던 또 하나의 사례가 있다. 한무제가 여태자를 죽이고서 오랫동안 용서를 하지 않았다. 이때 전천추(田千秋)가 글을 올려 그 처사가 잘못됐음을 지적했는데 이 또한 구사의 도리에 해당한다. 반고의 『한서』 '전천추전(田千秋傳)'이다.

차천추(車千秋)는 본래의 성이 전씨(田氏)인데 그의 선조는 제나라의 (명문가였던) 전씨 중에서 (함곡관 동쪽인) 장릉(長陵)으로 이주한 집단에 속했다. 차천추는 고침랑(高寢郎-고조의 능을 지키는 낭관)이 됐다. 위태자(衛太子)가 강충에게 중상모략을 입어 패망한 일이 있은 지 오랜 시간이 흘러 차천추는 급변의 사태를 논하는 글을 올려 태자의 원한을 대변해 이렇게 말했다.

"아들이 아버지의 군대를 가지고 농간을 부렸다면 그 죄는 태형에 해당합니다. 천자의 아들이 잘못해서 사람을 죽였다면 무슨 죄에 해당하겠습니까? 신이 일찍이 꿈을 꿨는데 머리가 하얀 노인 한 분이 신에게 일깨워준 이야기입니다."

이때 상은 태자가 두려움에 떨어서 그런 것이지 다른 뜻은 없었다는 것을 알고 있었기 때문에 차천추의 말을 듣고서 크게 깨닫는 바가 있어 차천추를 불러 만나보았다. 어전에 이르렀는데 차천추는 키가 8척 남짓에 체모가 매우 수려해 무제는 그를 만나보고는 기뻐해 이렇게 말했다.

"부자간의 일에 대해서는 남들이 쉽게 말할 수 있는 것이 아니건만 공만이 홀로 그렇지 않음을 밝혀주었다. 이는 고묘(高廟)의 신령이 공을 시켜 나를 일깨운 것이니 공은 마땅히 나를 보좌해야 할 것이다."

(그러고는 즉석에서) 차천추를 세워 제배해 대홍려로 삼았다. 여러 달이 지나 드디어 유굴리를 대신해 승상으로 삼고 부민후(富民侯)에 봉했다. 차천추는 다른 재능이나 술학(術學-경학)이 있었던 것도 아니고 문벌이나 공로도 없이 단지 한마디 말로 상의 뜻을 일깨워 불과 몇 달 만에 재상의 자리를 차지하고 봉후(封侯)됐으니 이는 세상에 일찍이 없던 일이다.

태종의 마음을 바꾼 권근

우리 역사에서도 신뢰를 바탕으로 한 이 같은 밝은 간언[明諫]의
사례가 있다. 1406년(태종 6년) 8월 18일 태종은 전격적으로 왕위를 세자에게 전하겠다는 전위(傳位) 의사를 밝혔다. 당연히 조정은 발칵 뒤집혔다. 하륜, 성석린 등 재상들이 전위 의사 철회를 청했으나

태종은 단호하게 거부했다. 이런 가운데 길창군 권근(權近)이 장문의 글을 올렸다. 그중 일부다.

『주역』에 이르기를 "일을 함에 그 처음을 잘 도모하라[作事謀始]"[14] 고 했으니 그 처음 단계에서 잘 도모하지 못하면 마침내 반드시 근심이 있는 법입니다. 작은 일도 오히려 그러한데 하물며 대사(大事)에 있어서이겠습니까? 세자께서 비록 총적(冢嫡-적장자)이라 하더라도 어리고 약하시어 여러 사람의 마음에 미흡하오니 하늘의 뜻이 아직도 모이지 않았음을 진실로 알 만합니다. 전하께서 나라의 형세가 염려스러운 것은 걱정하지 않으시고, 하늘의 뜻을 어기고 많은 사람들의 마음을 거슬러가면서 억지로 어리고 약한 자에게 (나라를) 전해주려고 하시니, 이는 종묘사직을 가벼이 여겨 내팽개치는 것입니다. 엎드려 바라건대 전하께서는 깊이 생각하시고 자세히 살펴 조치하시어 국새(國璽)를 다시 거두시고 친히 만기(萬幾)에 임하셔야 합니다. 그리하여 세자의 연기(年紀-나이)가 장성하여 공덕(功德)이 더욱 나타나고 백성들이 마음속으로 즐겨 따르며 천명(天命)이 모이기를 기다린 연후에 먼저 (명나라) 조정(朝廷)에 보고하고 명이 내려오기를 기다려서 그것을 전하신다면 종묘사직에 심히 다행할 것이요, 국가에도 심히 다행할 것입니다.

---

14) 송괘(訟卦, ䷅)의 상(象)에 대한 풀이에 나오는 말이다. "하늘과 물이 어긋나게 가는 것을 송(訟)이라 하는데 군자는 이를 보고서 일을 함에 그 처음을 잘 도모한다."

많은 이의 글이 올라왔지만 실록은 유일하게 이 글에 대해 "상은 비록 윤허하지 않았지만 뜻이 조금은 움직였다[感悟]"라고 적고 있다. 그리고 이틀 후 마침내 태종은 전위의 명을 거뒀다.

뛰어난 리더도 간교한 부하들에게
속아 넘어갈 수 있다

한무제와 태자 유거 그리고 강충

성군(聖君)은 아니어도 명군(明君) 혹은 영군(英君)으로 불리기에 손색없는 한무제도 나이가 많아 병이 들자 판단력이 흐려졌다. 그것이 빌미가 돼 일어난 비극적 사건을 흔히 중국사에서는 '무고(巫蠱)의 화(禍)'라 부른다. 무고란 무축(巫祝)의 주법(呪法)으로 사람을 죽이는 것을 말한다. 이 화의 희생자가 다름 아닌 다음 황위를 이을 태자였기에 이 사건은 두고두고 조명을 받았다.

기원전 92년 병으로 눕게 된 말년의 무제는 당시 강충(江充)이라는 인물을 절대 신임하고 있었다. 유가(儒家)의 덕치(德治)를 기본으로 하면서도 엄격한 법 집행을 강조했던 무제는 강충의 고지식할 정도의 엄격한 일처리를 좋아했던 것이다. 그런데 태자 유거(劉據)는 강충과 사이가 틀어져 있었다. 예전에 강충이 황제의 명을 직접 받드는 직지사자(直指使者)였을 때 태자의 집안 수레가 황제만이 다니는 치도(馳道) 위를 올라간 적이 있는데 태자가 없었던 일로 해줄 것을 부탁했으나 강충은 들어주지 않았다. 바로 이런 점 때문에 오히려 무제는 강충을 곧은 자[直]라고 여겼다.

강충은 무제가 병석에 눕자 걱정에 휩싸였다. 무제가 세상을 떠나고 나면 태자에게 주살될 것이 분명했기 때문이다. 때마침 무고의 일이 일어나자 강충은 이를 이용해 간사한 짓을 벌이기로 결심한다. 사전에 준비를 해둔 함정에 태자를 빠트리려고 한 것이다. 이때 강충은 무고의 일을 재판하는 일을 맡고 있었는데 이미 무제의 뜻을 알아차리고서 궁중에 무고의 기운이 있다고 건의한 다음에 궁궐에 들어가 어좌가 있는 곳을 무너트려 땅을 팠다. 무제는 안도후(按道侯) 한열(韓說), 어사 장공(章贛), 황문(黃門-환관) 소문(蘇文) 등으로 하여금 강충을 돕게 했다.

강충은 드디어 태자궁에 이르러 고(蠱)를 파내어 오동나무로 만든 인형을 찾아냈다. 이때 무제는 병에 걸려 감천궁(甘泉宮)으로 더위를 피해 가 있었기 때문에 황후와 태자만이 (경사에) 있었다. 태자가 소부(少傅) 석덕(石德)을 부르니 석덕은 사부로서 함께 주살될 것을 두려워해 태자에게 이렇게 말했다.

"전 승상 부자와 두 공주 그리고 위씨(衛氏)가 모두 이 사건에 연루됐는데 지금 무당과 사자(使者)가 땅을 파 증거물까지 얻었다고 합니다. 따라서 무고를 갖다 둔 간사스러운 짓이 혹시 실제로 있었는지는 모르겠지만 스스로 밝힐 방법이 없으니 부절을 청탁해 강충 등을 체포해 옥에 가두고서 그의 간사함을 끝까지 다스려야 할 것입니다."

태자는 위급한 상황이라 석덕의 말이 옳다고 여겼다. 기원전 91년(정화(征和) 2년) 7월 임오일(壬午日)에 마침내 (태자는) 빈객으로 하여금 사자인 척하고 가서 강충 등을 잡아들였다. 안도후 한열 등은 사자에게 속임수가 있다고 의심해 기꺼이 조서를 받으려 하지 않자 빈객은 한열을 쳐 죽였다. 어사 장당은 부상을 입고 겨우 탈출해 직접 감천궁으로 달려갔다. 태자는 사인(舍人) 무차(無且)를 시켜 미앙궁 궁전의 장추문(長秋門)으로 들어가게 해 장어(長御-여자 시위대장) 의화(倚華)를 통해 황후에게 전말을 갖추어 고백하게 하고 황실의 마구간에 있는 수레를 내어 활 쏘는 병사들을 싣고 가서 무기고의 병기를 꺼내고 장락궁(長樂宮)의 위졸들을 출동시켰으며 백관들로 하여금 강충이 반란을 일으켰다고 말하게 했다. 그리고 강충의 목을 벴다.

여기에 태자의 잘못도 있었다. 먼저 아버지 무제를 찾아가 자초지종을 설명해야 했다. 그런데 황후에게만 통고하고 일을 일으킨 것은 분명 무제의 의심을 키우기에 충분했다.

한편 강충을 따랐던 무리들은 감천궁으로 달려가 "태자가 난을 일으켰다"고 보고했다. 이에 무제 자신의 조카이기도 한 승상 유굴리(劉屈氂)에게 그 일을 어떻게 처리하고 있는지 보고하도록 했다. 그런데 유굴리는 이 사건을 어떻게 처리해야 할지 방향을 잡지 못한 채

우왕좌왕하고 있었다. 이에 무제는 크게 화가 나서 이렇게 전했다.

"승상에게는 주공(周公)의 풍모가 없도다. 주공은 관채(管蔡)를 토벌하지 않았던가!"

관채란 관숙과 채숙으로 주나라 주공과는 형제인데 주공이 보필하던 조카 성왕(成王)에 맞서 반란을 일으키자 형제임에도 토벌을 한 일이 있다. 사실상 태자를 토벌하라는 명이었다. 이에 유굴리는 군대를 출동시켰다. 부자간의 일전이 벌어진 것이다. 닷새의 혈전 끝에 수만 명이 사망했다. 태자의 군대가 패하자 태자는 달아났다.

그에 앞서 장안에서 태자의 반란이 막 전해졌을 때 무제는 크게 화가 났기 때문에 여러 신하들은 두려워만 할 뿐 어떤 계책을 내야 할지 몰랐다. 이때 (상당군) 호관현(壺關縣)의 삼로(三老-교육 담당관) 무(茂)라는 사람이 글을 올려 말했다.

"옛날에 순임금은 효심이 지극했는데도 (아버지인) 고수(瞽叟)의 마음에 들지 않았습니다. 또 (은나라 고종의 아들인) 효기(孝己)는 (계모에게) 비방과 모략을 당했고 백기(伯奇)도 (계모에게) 추방을 당했으니 골육을 함께한 지친이면서도 아버지와 자식이 서로 의심한 것은 어째서이겠습니까? 비방[毁]이 오래 쌓이면서 생겨난 것입니다. 이로 말미암아 보건대 자식은 결코 불효를 하지 않는데도 아버지는 그것을 미처 다 살피지 못하기 때문입니다."

그러면서 서둘러 태자를 용서해 줄 것을 청했다. 『한서』는 "천자는 느끼고 깨닫는 바가 있었다"라고 적고 있지만 적극적 조치는 취하지 않았다. 오히려 사실상의 진압을 명한 것이다.

난이 실패로 돌아가자 태자는 도망쳐 동쪽으로 호현(湖縣)에 이르러 그곳의 천구리(泉鳩里)에 숨었다. 주인집은 가난해서 늘 짚신을 만들어 팔아 태자의 먹을거리를 댔다. 태자와 옛날부터 알던 사람이 호현에 있었는데 그가 부유해 넉넉하다는 말을 듣고서 사람을 시켜 그를 부르려다가 발각됐다. 관리들이 태자를 둘러싸 잡으려 하자 태자는 더 이상 벗어날 곳이 없다는 것을 스스로 헤아리고서 곧바로 방에 들어가 문틀에서 자살했다. 무제는 태자를 잃었다. 강충의 말을 믿은 결과는 너무도 처참했다.

1년이 지난 기원전 90년(정화 3년) 9월경 무고의 사건이 대부분 믿을 수 없는 것이라는 사실이 드러났다. 무제는 태자가 두려워서 그랬던 것이지 다른 뜻이 있었던 것은 아니라는 것을 알게 됐는데 당시 한고조 유방의 사당을 관리하던 고침랑(高寢郎) 차천추(車千秋)[15]가 다시 태자의 원통함에 대해 말하자 무제는 드디어 차천추를 발탁해 승상으로 삼고 강충의 집안은 족멸시켰으며 태자에게 아무런 잘못이 없었음을 가련하게 여겨 마침내 사자궁(思子宮)을 짓고 호현에 귀래망사지대(歸來望思之臺-태자의 혼령이라도 돌아오기를 바라고 생각한다는 뜻이다. 이 사건은 흔히 우리나라 역사에서 사도세자의 일과 비교된다)를 세우니 천하 사람들이 이를 듣고서 다 슬퍼했다.

여기서 『논어』 '옹야 편'에 나오는 공자의 말을 떠올리게 된다.

---

15) 원래 그의 이름은 전천추(田千秋)인데 그의 나이가 많아 천자는 그가 작은 수레를 타고 대궐에 들어올 수 있도록 특별히 허락해 주었다. 그래서 거(車)를 붙여 거천추 혹은 차천추라고 하는 것이다.

재아(宰我)가 물었다. "어진 사람은 비록 (누가 와서) 사람이 함정에 빠져 있다고 와서 말해 주더라도 따라 들어가야겠습니다!"

공자가 말했다. "어찌 그렇게 하겠는가? 군자를 (함정까지) 가게 할 수는 있으나 빠지게 할 수는 없으며 속일[欺] 수는 있으나 옭아 넣을 [罔] 수는 없다."

이런 맥락에서 보자면 그 뛰어난 무제도 강충의 말에 속았을 뿐만 아니라 옭아매였다고 할 수 있다. "태자가 두려워서 그랬던 것이지 다른 뜻이 있었던 것은 아니라는 것"을 태자가 죽고 나서야 깨달은 무제는 적어도 이 점에서는 사리에 밝지 못했다고 할 수 있다.

사실 강충의 부자 이간질은 이것이 처음이 아니었다. 『한서』 '강충전(江充傳)'에는 이와 관련된 이야기가 짤막하게 실려 있다.

강충은 자(字)가 차천(次倩)으로 조나라 한단(邯鄲) 사람이다. 강충의 본래 이름은 강제(江齊)였는데 북과 비파를 잘 연주하고 가무에 능한 여동생이 있어 조나라 태자 단(丹)에게 시집을 갔다. 강제는 경숙왕(敬肅王)에게 총애를 얻어 상객(上客)이 됐다.

얼마 후에 태자는 강제가 자신의 은밀한 사생활을 왕에게 아뢰었다고 의심해 강제와 틈이 생겨 관리를 보내 강제를 쫓아가 체포하려 했는데 (이미 달아나) 붙잡지를 못하자 그의 아버지와 형을 감옥에 넣고 조사해 모두 기시(棄市)했다. 강제는 드디어 종적을 감추고 도망쳐 서쪽으로 함곡관에 들어가 이름을 강충이라고 고쳤다. 대궐에 나아가 태자 단이 자신의 친여동생 및 왕의 후궁과 간통하고 군국의 간활한 토호들과 교통하며 백성들을 겁주면서 온갖 못된 짓을 하고 있는데도 관리들이 제대로 통제를 못하고 있다고 고했다. 글이 올라가자 천자(무제)는 화가 나서 사자를 보내 군(郡)에 조서를 내려 관리와 병사들을 발동해 조나라 왕궁을 포위하게 하고 태자 단을 붙잡아 위군(魏郡)의 조옥(詔獄)에 옮겨서 집어넣고 정위(廷尉)와 함께 다스리도록 하니 법적으로는 사형에 해당됐다.

무제는 이 점을 간과했던 것이다. 오히려 강충의 이 같은 굽은 마음씨[枉]를 곧다[直]고 보아 절대 신임을 보였던 것이다.
왕   직

조선 태종과 사위 조대림 그리고 목인해

1차 선위 파동이 있은 다음 해인 1408년(태종 8년)이 끝나가던 12월 5일 밤 태종은 정승 조준의 아들이자 자신의 둘째 사위인 조대림(趙大臨)을 반역 혐의로 순금사(巡禁司)에 가두도록 명했다. 이때 조대림의 나이 21세였다. 얼마 후 밝혀지지만 그가 순금사에 갇히게 된 것은 목인해(睦仁海)의 모함 때문이었다. 목인해는 김해 관노 출신으로 애꾸눈에 활을 잘 쏘았고 원래는 태종의 매제 이제의 가신이었다가 이제가 1차 왕자의 난 때 죽자 정안공의 사람이 돼 호군에 올랐다. 그의 부인은 조대림 집의 종이었다. 그래서 목인해는 늘 조대림의 집을 드나들었고 조대림도 목인해를 가족처럼 대해주었다. 그런데 목인해는 '조대림이 나이가 어리고 어리석으니 모함하면 부귀를 도모할 수 있을 것이다'고 생각해 나름의 시나리오를 꾸민다.

목인해는 자신이 부마로서 군권을 갖고 있던 이제의 휘하에 있을 때의 경험을 이야기하며 "뜻밖의 변이 일어나면 다른 사람들은 문제가 없지만 공은 군사에 익숙하지 못하니 미리 대처하는 방법을 익혀 둬야 한다"고 말했다. 그리고 목인해는 "설사 변을 일으키는 자가 있더라도 내가 힘을 다해 공을 돕겠소"라고 다짐했다.

다른 한편으로 목인해는 은밀하게 이숙번을 찾아가 "평양군(조대림이 아버지의 작호를 1406년 이어받았다)이 두 마음을 품고 군사를 일으켜 공과 권규(권근의 아들이자 태종의 셋째 사위), 마천목을 죽이고 역모를 꾀하려고 하오"라며 거짓 밀고를 했다.

이숙번은 즉각 태종에게 아뢰었고 태종은 직접 목인해를 불러 믿을 수 없다며 "조대림이 나이가 어린데 어찌 감히 그렇게 하겠느냐? 만일 네 말이 사실이라면 반드시 주모자가 있을 것"이라고 말했다. 목인해는 이 말을 듣고는 즉각 조대림에게 달려가서 "곧 무장한 군사 수십 명이 경복궁 북쪽 으슥한 곳에 모여 공을 해하려고 하니, 공은 마땅히 거느리고 있는 병마로 이를 잡으소서"라며 덫을 놓았다. 병사를 몰고 경복궁 쪽으로 간다는 것은 곧 사정을 모르는 사람이 볼 때는 쿠데타이기 때문이다.

조대림이 처음에는 이숙번과 이야기해야겠다, 태종에게 알려야겠다고 하자 목인해는 상황이 급하니 먼저 군사를 출동시키고 나서 알려도 늦지 않다고 유인했다. 조대림도 이를 옳다고 여겨 우선 목인해의 뜻을 따르기로 했다. 그러나 뭔가 이상하다고 생각한 태종은 조대림에게 사람을 보내 소격전에서 제사를 지내라고 명했다. 그런데 조대림은 자신이 범염(犯染-초상집에 갔다 옴)을 했기에 불가능하다고 답했다. 그 바람에 태종도 조대림을 의심하게 된다.

목인해의 구상은 의외로 치밀했다. 목인해는 조대림의 집에 와서 "위아래 친분이 있는 사람이 누구냐"고 물었다. 이에 조대림은 조용밖에 없다고 말했다. 조용은 정몽주의 문인으로 성균관 대사성을 지낸 덕망이 있는 학자였다.

조대림이 조용을 불러 침실에서 은밀하게 자기가 아는 전후 사정을 이야기했다. 조용은 당장 "주상께 아뢰었소?"라고 물었다. 조대림이 "아직 아뢰지 못하였소"라고 답하자 조용은 얼굴빛이 변하며 "신하가 되어서 이런 말을 들으면, 곧 주상께 달려가 고하는 것이 직분인데, 하물며 부마는 더 말할 게 뭐가 있겠소?"라며 야단치듯 말하고 자신이 직접 고하겠다고 대궐을 향해 나섰다. 이에 당황한 목인해는 조용을 길에서 잡아 억류한 다음 이숙번에게 달려갔다.

"조용이 지금 평양군의 집에 있습니다. 이 사람이 모주(謀主)입니다. 평양군이 만일 거사하면, 내가 백마를 타고 그를 따를 것이니, 만약 대인의 군사와 만나거든, 군사를 경계하여 나를 알게 하소서. 그러면 내가 칼을 뽑아 평양군을 베겠습니다."

그런데 이 틈에 조용이 탈출에 성공해 태종에게 진상을 낱낱이 보고했다. 태종은 조용의 말을 듣고는 "내 이미 알고 있었다"고 답한다. 이제 남은 것은 목인해를 잡아들이는 일이었다.

한편 전후 사정을 모르는 조대림은 해가 저물자 대궐로 태종을 찾아뵈었다.

"듣자오니 경복궁 북쪽에 도적이 있다 하니, 신이 이를 잡고자 합니다. 원하옵건대, 신에게 마병(馬兵)을 주소서."

"네가 어떻게 잡겠느냐?"

"신이 능히 잡을 수 있습니다."

아마도 여기서 태종은 속으로 터져 나오는 웃음을 참았는지 모른다. 그러고는 모른 척하고서 좋다고 말한다. 그래서 조대림은 당직을 서고 있던 총제 연사종(延嗣宗)에게 병사를 빌려달라고 하니 미리 태종의 밀지를 받은 연사종은 23명을 내주었다.

한편 태종은 이숙번에게는 "조대림이 만약 군사를 발하면 향하는 곳이 있을 것이니, 경의 집에서 조천화(照天火-일종의 조명탄)를 터뜨려라. 내가 나발을 불어서 응하겠다"고 일러두었다. 그러면서도 지신사 황희에게는 시치미를 뚝 떼고서 "들으니 평양군이 모반하고자한다니, 궐내를 요란하고 시끄럽게 하지 말라"고 말한다. 이에 황희가 주동자가 누구냐고 묻자 "조용이다"고 답했다. 그러자 황희는 "조용은 사람됨이 아비와 임금을 죽이는 일은 따르지 않을 것입니다"고 의아해했다. 황희의 이 말은 『논어』 '선진 편'에 나오는 말로 크게 뛰어나지는 않아도 기본적인 도리는 지킬 줄 아는 사람이라는 뜻이다.

어둠이 깔리고 목인해는 조대림을 재촉했다. 조대림은 갑옷을 입고 말에 오르면서 "도적이 어디에 있느냐?"고 물었다. 목인해는 남산의 마천목 총제 집 옆에 있다고 답했다. 조대림이 남산을 향해 집을 막 나서는 순간 이숙번이 조천화를 쏘았고 태종은 궐내에서 직접 나발을 불었다. 궐에서 나발 소리가 난다는 것은 뭔가 변고가 생겼다는 신호였다. 조대림은 군사들에게 어디로 가야 하느냐고 물었고 군사들은 하나같이 "나발 소리를 들으면 궐문에 모이는 것이 군령입니다"고 대답했다. 이에 맞서 목인해는 "곧장 남산으로 가야 한다"고 우겼다.

만일 여기서 조대림이 목인해의 말을 따랐다면 죽은 목숨이었다. 그러나 조대림은 대궐을 향했다. 목인해는 당황했다. 엎질러진 물이었다. 자신이 먼저 대궐로 들어가 "평양군이 갑옷을 입고 군사를 발하여 대궐로 향하였다"고 소리쳤다. 이에 태종은 총제 권희달을 시켜 조대림을 체포케 하여 순금사에 가두었다.

태종은 찬성사 윤저, 대사헌 맹사성, 형조 참의 김자지, 좌사간 유백순, 승전색 박영문, 동순금사겸판사 이직 등에게 명하여, 조대림이 군사를 발한 까닭과 주모자를 국문토록 하였다. 세 번이나 물어도 조대림은 말할 바를 알지 못하였다. 실제로 조대림으로서는 할 말도 없었다. 결국 조대림은 자신을 문초하던 부사직 최규를 통해 목인해와 대질케 해달라고 태종에게 간청을 했다. 이에 태종은 이렇게 지시한다.

"조 정승(조준)은 개국원훈이므로, 내가 그 아비를 중하게 여겨 그 아들을 부마로 삼은 것이다. 어찌 일찍이 매 한 대 맞고 자랐겠느냐? 조대림이 만일 꾀한 바가 있다면, 비록 형벌을 가하지 않더라도 그 사실을 고하지 않겠느냐? 만일 고하지 않거든, 억지로 형벌하여 공초(供招)를 받는 것이 어찌 마음에 쾌하겠느냐? 목인해와 적당히 대질하여 묻고, 곤장을 가할 것은 없다. 그러나 잠시 형장(刑杖)을 가하여 반드시 그 사실을 토로하게 하라."

적당한 시늉만 하라는 뜻이었다. 그런데 태종은 최규가 오해하기 좋을 만한 이야기를 조대림에게 전하라고 시켰다.

"네가 이미 내게 불효하였으니, 내가 어찌 너를 아끼겠느냐? 네가 비록 죽더라도 명예는 나쁘지 않게 하여야 하겠으니, 주모자를 스스로 밝히라."

최규로서는 조대림이 정말로 역모를 꾀했다고 생각했을 수밖에 없었고 그래서 조대림을 조사하던 문사관(問事官)은 장(杖)을 64대나 때렸다. 그런데도 조대림은 결백을 주장했다. 반면 지신사 황희를 직접 보내 목인해를 심문한 결과 장 10여 대를 맞고서 자신이 조대림을 모함했다는 사실을 털어놓았다. 그때서야 조대림은 "어제 나발을 분 것은 나를 살리기 위함이었구나"라는 것을 깨달았다.

조대림과 조용은 석방되었다. 그러나 이것은 새로운 파란의 시작이었다. 태종은 중국의 고사까지 인용하며 자신의 사위가 무참한 지경으로 곤장을 맞는데도 전후 사정을 제대로 알아보려 한 신하들이 하나도 없었다는 사실에 분격했다. 이 일로 대사헌 맹사성은 거의 죽음 일보 직전까지 몰렸다가 이숙번 등의 구명으로 겨우 살아났다.

태종이 두 번은 옭아매이지 않을 수 있었던 까닭

1411년(태종 11년) 11월 22일 태종은 편전에서 신하들과 정사를 이야기하던 중에 3년 전의 그 사건을 떠올리며 이렇게 말한다.

"예전에 평양군 조대림을 하옥했을 때에 순금사에서 조대림은 굳게 추문하고 목인해는 가볍게 핵실한다는 것을 듣고 내 마음이 아프고 상해 한나라 병길이 옥(獄)의 원통한 것을 잘 살핀 말을 생각하고 순금사가 반드시 틀린 것이리라 여겨, 내관(內官) 박유(朴輶)를 보내 감문(監問-죄인을 심문할 때 임금이 따로 사람을 보내어 문초하던 일)하게 했는데 박유도 역시 조대림을 장차 중형(重刑)에 처하려고 했다. 내가 박유를 꾸짖기를 '감문하는 때에 밝지 못한 것이 이와 같으니 너와 같은 자는 비록 열 사람이 죽어도 가하다'라고 하고 마침내 박유를 가두고 다시 지신사(知申事) 황희를 보내 감문해 그 사실을 알아내 목인해가 주형(誅刑)을 당했다. 만일 조대림이 (사위가) 아니었다면 반드시 죄를 잘못 당했을 것이다. 내가 이 일을 겪고 나서 더욱더 옥송(獄訟)을 자세히 살피지 않을 수 없다는 것을 알았다. 그 일은 곧 조대림에게는 불행이었으나 실로 뒷사람들에게는 다행한 일이다."

태종이 이처럼 한 번은 속았으나[欺]기 두 번은 옭아매이지[罔]망 않았기에 사위 조대림은 태자 유거와 달리 목숨을 보전할 수 있었다.

이런 것을 귀 밝고 눈 밝다[聰明]고 하는 것이다. 이런 사리분별 능
력은 어떻게 기를 수 있을까? 『논어』 '위정 편'에서 똑똑한 제자 자장
(子張)이 출세하는 법을 묻자 공자는 이렇게 답했다. 그것은 출세하
는 법이자 사리를 잘 알아내는[知禮] 방법이기도 하다.

"많이 듣고서(듣되) 의심나는 것은 제쳐놓고[多聞闕疑] 그 나머지
것[其餘]들에 대해서만 신중하게 이야기한다면 허물이 적을 것이요,
많이 보고서 위태로운 것은 제쳐놓고[多見闕殆] 그 나머지를 신중하
게 행한다면 후회가 적을 것이니, 말에 허물이 적으며 행실에 후회할
일이 적으면 벼슬자리는 절로 따라오게 될 것이다."

상도 너머에
권도가 있다

권도의 두 가지 뉘앙스

권(權)이라는 글자는 오늘날에는 권력, 권세하고만 연결해서 쓰다 보니 원래 그것이 갖고 있던 뜻을 거의 상실해 버렸다. 권이란 원래 저울, 저울추를 뜻했고 동사로는 '저울질하다'라는 뜻으로 가장 많이 사용됐다. '저울질한다'는 것은 상황마다 거기에 맞는 조치를 취한다는 뜻으로 이어진다. 잠시, 임시라는 뜻도 거기서 파생돼 나왔다.

예를 들면 권지(權知)라는 말에서 권(權)이 바로 '임시'라는 뜻이다. 여기서 지(知)는 장(掌)이나 사(司), 전(典)과 같은 뜻으로 '일을 주관하다' '담당하다'라는 뜻이다. 오늘날 거의 유일하게 남아 있는 것이 경기도지사라고 할 때 그 지사(知事)다. 말 그대로 일을 맡아서 처리한다는 뜻이다.

그래서 권지는 오늘날 '인턴'과 같은 말이다. 정식 임용을 앞두고 일단 임시로 일을 맡긴다는 뜻인 것이다. 그래서 조선 시대에 과거에 급제하면 바로 정식 관리가 되는 것이 아니라 권지의 단계를 반드시 거쳐야 했다. 합격자를 권지로 임명하고 각 관청에 보내 일정 기간이 경과하면 실직(實職)을 주었다. 특히 바로 6품에 임명되는 갑과 합격자 세 명 이외의 과거 합격자는 모두 종9품을 받아 성균관(成均館), 승문원(承文院), 교서관(校書館), 무과의 경우에는 훈련원, 별시위 등 이른바 권지청(權知廳)에 분속돼 권지성균관 학유(學諭), 권지승문원 부정자(副正字) 등으로 실무를 익히게 했다.

심지어 우리 역사에는 임금 중에도 권지가 있다. 태조 이성계와 정종이 그런 경우다. 명나라에서 1401년(태종 원년) 태종을 공식 책봉하기 전까지 조선 임금의 공식 명칭은 '권지 고려국사(高麗國師)' 혹은 '고려 권지국사'였다. 권(權)이 임시라는 뜻을 가졌기에 실은 권도(權道)라는 말도 임시방편이라는 뜻이 강했다. 그다지 좋은 뜻이 아니었다는 말이다.

우선 중립적 뉘앙스부터 살펴보자. 1406년(태종 6년) 8월 24일 당시 태종이 세자에게 임금 자리를 넘기겠다는 선위 의사를 밝혀 조정이 발칵 뒤집어졌다. 이때 권근이 글을 올려 선위의 부당성을 역설했는데 그중 이런 대목이 나온다.

신이 가만히 천하의 일을 생각건대, 일은 같으나 형세가 다른 것이 있으니 태평(太平)하고 무사(無事)한 때를 당하면 상경(常經)을 지키고 위태하고 변급(變急)한 때를 당하면 권도(權道)를 행했습니다. 진실로 태평한 때를 당해 권도를 쓰면 시중(時中)의 적의(適宜)함을 잃게 되어 도리어 화란(禍亂)이 생기게 되는 것이므로 이것을 살피지 않을 수가 없습니다. 대체로 천하의 국가를 가진 이가 반드시 대대로 서로 전위(傳位)하는 것은 예의 상경입니다. 무릇 제후(諸侯)가 나라를 전(傳)하는 데 반드시 천자(天子)에게 명(命)을 받는 것도 또한 예의 상경입니다.

여기에는 우리가 집중적으로 파고들고 있는 사리로서의 예 개념이 나타나 있고 동시에 권도와 짝을 이루는 개념이 상경(常經)임을 알 수 있다. 상경은 상도(常道)라고도 한다. 권근은 권도와 상경의 일반론을 밝힌 것이다.

그런데 대부분의 경우에는 또 부정적 뉘앙스를 담아 권도라는 말을 썼음을 확인할 수 있다. 장구한 계책이나 영구적인 법도와 대비되는 의미에서는 임기응변 정도의 의미다. 그러나 태종은 권도를 상당히 좋은 의미에서 사용하고 있다. 그것은 아마도 『논어』에 정통했기 때문일 것이다. 이 점을 확연히 보여주는 기사가 1417년(태종 17년) 6월 24일자 『태종실록』에 나온다.

이날 태종은 하륜의 아들 하구(河久)에게 고기를 내려주었다. 하륜의 아내 이씨(李氏)가 의원 양홍달(楊弘達)에게 말했다.

"아들 하구가 오랫동안 아버지의 상사(喪事)로 인해 기운이 허약한 데다가 병은 심하고 입이 써서 먹을 것을 생각하지 아니하오. 내가 육식하기를 권해도 하구가 따르기를 달게 여기지 아니하니 그대는 이 사정을 상전(上前)에 아뢰어 하구로 하여금 고기를 먹도록 하여 주오."

양홍달이 와서 아뢰었다.

"하구 어미의 말이 이러하여 신(臣)이 진찰해 보았더니 상중(喪中)에 채소만 먹은 나머지 천식이 깊이 병들어 치료하기 어려웠습니다."

상이 즉시 내관 김용기(金龍奇)에게 명해 하구에게 고기를 내려주며 말했다.

"네 어찌 과정(過庭)의 가르침[訓]이 없었으랴? 반드시 상경과 권도의 도리를 통달했을 것이다. 상중에 육식하지 않음이 비록 효자라 하더라도 몸을 망쳐 요절하는 것과 비한다면 어찌 몸이 건강해 제사를 받드는 것과 같겠느냐? 이것이 곧 효도 중에 가장 큰 것이다."

하륜은 1416년(태종 16년) 11월 세상을 떠났다. 태종의 말을 보면 그가 하륜을 "상경과 권도의 도리에 통달했던 재상"으로 보았음을 알 수 있다. 그런 아버지의 아들이니 그런 이치는 알아야 하지 않겠느냐는 말이다. 결국 "몸을 건강하게 해 아버지의 제사를 잘 받드는 것"이 오히려 가장 큰 효도이며 이것이 바로 권도라는 말이다. 더욱 의미심장한 대목은 뜰을 지날 때[過庭]의 가르침을 말하는 대목이다. 이는 『논어』 '계씨(季氏) 편'에 나오는 이야기를 가리킨다.

진항(陳亢)이 공자의 아들 백어(伯魚)에게 물었다. "그대는 역시 특이한 것을 들은 적이 있는가?"

이에 백어가 답했다. "(그런 특별한 것은) 들은 적이 없다. 일찍이 홀로 서 계실 때 내가 종종걸음으로 뜰을 지나가는데[過庭] '시를 배웠느냐?'라고 물으시기에 '아직 배우지 못했습니다'고 했더니 '시를 배우지 않았으면 말을 할 수 없다'고 하시므로 내가 물러나와 시를 배웠다. 다른 날에 또 홀로 서 계실 때 종종걸음으로 뜰을 지나가는데 '예를 배웠느냐?'고 물으시기에 '아직 배우지 못하였습니다'고 하니 '예를 배우지 않으면 설 수 없다[無以立]'고 하셨다. 나는 물러나와 예를 배웠다. 이 두 가지를 들었을 뿐이다."

이에 진항이 물러나 기뻐하며 말하기를 "하나를 물어서 세 가지를 얻었으니 시를 듣고 예를 듣고 또 군자가 그 아들을 멀리하는 것을 들었구나!"라고 했다.

이것이 바로 태종이 말한 과정(過庭)의 가르침이다. 여기서 또 주목해야 할 대목은 바로 예, 즉 사리를 배우지 않으면 설 수 없다[無以立]는 말이다. 30세에 이르러야 한다는 바로 그 이립(而立)이 여기에 나온 것이다. 이립은 다시 말하지만 입기이례이입인이례(立己以禮而立人以禮)의 압축어로 먼저 자기 자신을 사리로써 세우고 난 다음에 다른 사람을 사리로써 세워준다는 말이다.

양녕을 폐하고 충녕을 세운 택현론이 곧 권도

1418년(태종 18년) 6월 3일은 조선 역사의 방향을 바꾼 운명의 날이다. 양녕의 실행(失行) 패덕(悖德)을 들어 세자 자리에서 내쫓을 것을 건의하는 상소가 이어지자 개경에 머물고 있던 태종은 마침내 6월 3일 자신의 최종 결심을 신하들에게 알렸다.

> "백관들의 소장(疏狀)의 사연을 읽어보니 부끄럽고 두려워 몸 둘 바를 모르겠다. 천명(天命)이 이미 떠나가버린 것이므로 내가 이를 따르겠다."

영의정 유정현, 좌의정 박은, 우의정 한상경을 필두로 한 공신들과 6조 판서, 각급 문무 대신들이 조계청(朝啓廳)에 몰려들었다. 조계청은 정승 이하 신하들이 국정을 의논하는 건물이었다.

전날까지 폐세자 상소를 연일 올렸던 신하들의 입장에서는 대환영의 조치였다. 허나 마냥 기뻐할 수만도 없었다. 폐세자 이후 누가 세자를 이을 것인가? 어떻게 보면 더 큰 문제였고 자칫 이 과정에서 의외의 희생자가 수도 없이 나올 수 있는 중대 사안이었다. 조계청 안은 극도의 긴장감에 휩싸였다. 누구 하나 쉽사리 입을 뗄 수 없었다. 잠시 후 오늘날의 대통령 비서실장격인 지신사 조말생과 그의 직속 부하인 좌대언 이명덕이 조계청을 찾아와 태종의 두 번째 지시 사항을 전달하면서 침묵은 깨졌다.

228

"나라의 근본(세자를 나라의 근본이라는 의미에서 국본(國本)이라고 불렀다)은 정하지 아니할 수가 없다. 만약 정하지 않는다면 인심이 흥흥할 것이다. 옛날 중국에서는 유복자(遺腹者)라도 세워 선왕의 유업을 이어받게 하였고, 또 본부인의 장자를 세우는 것은 예나 지금이나 변함없는 법식이다. 양녕에게 두 아들이 있는데, 큰 아이는 나이가 다섯 살이고 작은 아이는 나이가 세 살이니, 나는 양녕의 큰 아들을 세자에 앉히고자 한다. 장자가 유고(有故)하면 그 동생을 세워 후사로 삼을 것이니, 왕세손(王世孫)이라 칭할는지, 왕태손(王太孫)이라 칭할는지 고제(古制)를 상고하여 의논해서 아뢰어라."

폐세자를 기정사실화하면서 양녕의 아들 중에서 후사(後嗣-다음 임금)를 고르겠다는 뜻과 함께 그 아이의 호칭 문제를 결정하라는 것이었다. 일단은 성리학의 전통적인 종법(宗法)을 그대로 따르겠다는 의지의 표현이었다. 한마디로 적장자 상속의 원칙을 그대로 적용하겠다는 뜻이다.

태종이 정말 양녕을 폐하고 종법에 따라 그의 아들, 특히 다섯 살짜리 장남에게 '기계적으로' 왕위를 물려주려 했는지는 확인할 길이 없다. 그러나 실록에 기록된 바를 봐서는 태종이 이미 어느 정도 방향은 잡고 있으면서도 마지막 순간까지 약간은 갈팡질팡했던 것이 분명하다. 조선의 장래가 걸린 일이었기 때문에 쉽게 결단할 수 있는 일도 아니었다.

조계청에서 신하들의 의논이 시작됐다. 양녕의 장남을 후사로 삼겠다는 태종의 입장 표명이 있었기 때문인지 우의정 한상경 이하 모든 신하들은 양녕의 장남을 세우는 것이 좋겠다고 말했다. 흥미로운 것은 그들을 제외한 나머지 두 사람, 즉 최고위직인 영의정 유정현과 좌의정 박은이 조심스럽게 어진 사람을 고르자는 택현론(擇賢論)을 제기했다는 점이다. 유정현이 더 적극적이었다. 유정현은 무조건 뛰어난 사람을 고르자는 입장이었고 박은은 "아비를 폐하고 아들을 세우는 것이 옛날 제도에 정해져 있다면 모르겠지만, 그렇지 않다면 뛰어난 사람을 골라야 한다"는 조건부 택현론이었다. 다소 궁색한 논리였다. 옛날 제도에 그런 경우가 없었을 리 없기 때문이다. 이때 유정현이 했던 말이다.

"신은 배우지 못해 고사(故事)를 알지 못합니다. 그러나 일에는 권도와 상경이 있으니 뛰어난 사람을 고르는 것[擇賢]이 마땅합니다."
택현

택현론의 이론적 근거가 바로 권도였던 것이다. 태종은 다시 조말생을 불렀다.

"나는 제(양녕)의 아들로써 대신시키고자 하였으나 여러 신하들이 모두 '불가하다'고 하니 마땅히 어진 사람을 골라서 아뢰어라."

230

공의로 충녕대군을 고르다

마음속에 점찍어둔 충녕대군을 지명하면 될 것을 태종은 다시 이런 식으로 신하들에게 택현의 책임을 넌지시 떠넘겼다. 이 말을 전해 들은 유정현 이하 신하들은 "아들을 알고 신하를 아는 것은 임금만 한 이가 없다"며 직접 고르라고 태종에게 선택을 다시 미뤘다. 이들은 왜 이 같은 핑퐁을 하고 있는 것일까? 신하들로서는 당연히 뒷날 일이 잘못될 경우의 사태를 걱정하지 않을 수 없었을 것이다. 혹시라도 양녕이 부활할 경우 복수의 칼날이 바로 자신들을 향할 수도 있었다.

반면에 태종은 어떤 생각에서 이렇게 한 것일까? 이에 관한 명쾌한 답은 앞서 보았던 박은의 상소문에 나온다.

뒷세상으로 하여금 전하께서 맏아들을 폐하고 뛰어난 이를 세운 거조(擧措-큰 일)가 공론으로 되었다는 것을 알리게 하시고, 또 양녕대군으로 하여금 자신이 공론에서 용납되지 못하였음을 알게 하여, 원망하고 미워함이 없게 하는 일입니다.

양녕의 폐세자는 태종 개인의 순간적 결단이나 신하들의 공모가 아니라 태종과 신하들이 함께 의견을 모은 최종적 결론, 즉 공의(公義)였다는 형식을 만들어냄으로써 양녕이 되살아날 수 있는 명분 자체를 없애버리는 것, 그것이 이처럼 태종이 계속해서 자신의 의견을 우회적으로 표명하면서 신하들의 동의를 얻어내는 절차를 밟았던 까닭이었다. 이제 결정의 순간이다. 태종은 자신의 최종 결심을 밝힌다.

"옛사람이 말하기를 '나라에 훌륭한 임금이 있으면 사직의 복이 된다'고 하였다. 효령대군은 국왕 될 자질이 미약하고, 또 성질이 심히 곧아서 개좌(開坐-벼슬아치들이 사무를 보다는 뜻으로 여기서는 정치를 뜻한다고 볼 수 있다)하기에는 적절치 못하다. 내 말을 들으면 그저 빙긋이 웃기만 할 뿐이므로, 나와 중궁(中宮)은 효령이 항상 웃는 것만을 보았다. 충녕대군은 천성이 총명하고 민첩하며 자못 학문을 좋아하여, 비록 몹시 추운 때나 더운 때에도 밤새 글을 읽어, 나는 그 아이가 병이 날까 두려워 항상 밤에 글 읽는 것을 금하였다. 그런데도 나의 큰 책은 모두 청하여 가져갔다. 또 정치의 요체를 알아서 늘 큰일에 헌의(獻議-윗사람에게 의견을 아룀)하는 것이 진실로 합당하고, 또 그것은 일반 사람들은 생각지도 못할 수준이었다. 중국 사신을 접대할 때면 몸가짐과 말이 두루 예에 부합하였고, 술을 마시는 것이 비록 무익하나, 중국 사신에게는 주인으로서 한 모금도 능히 마실 수 없다면 어찌 손님에게 권하여서 그 마음을 즐겁게 할 수 있겠느냐? 충녕은 비록 술을 잘 마시지 못하나 적당히 마시고 그친다. 또 그 아들 가운데 제법 자란 아들이 있다. 효령대군은 한 모금도 마시지 못하니, 이것도 또한 불가하다. 충녕대군이 대위(大位-임금 자리)를 맡을 만하니 나는 충녕으로서 세자를 정하겠다."

이에 유정현 등 신하들은 "신 등이 이른바 어진 사람을 고르자는 것도 또한 충녕대군을 가리킨 것입니다"라며 화답했다.

상황에 맞게 권도를 발휘하라

양녕을 폐세자시키고 충녕대군을 새로운 세자로 바꾸는 과정에서 보여준 태종의 일 처리는 정확히 공자가 말한 권도와 합치한다. 공자는 먼저 『논어』 '미자(微子) 편'에서 여러 뛰어난 이들을 언급하면서 자신은 그들과는 다르다며 이렇게 말한다.

"나는 이들과 달라서 가한 것도 없고[無可] 불가한 것도 없다[無不可]."

그러면 새로운 상황을 맞아 취해야 할 잣대는 무엇인가? 이 실마리는 '이인 편'의 다음과 같은 공자의 말에 있다.

"군자는 천하에 나아가 일을 할 때 오로지 주장함도 없고 그렇게 하지 않음도 없으며 (그때그때의) 마땅함[義]에 따라 행할 뿐이다."

"오로지 (이렇게 해야 한다고) 주장함도 없고 그렇게 하지 않음도 없다"라는 말은 고스란히 "가한 것도 없고 불가한 것도 없다"라는 말과 정확히 똑같다. '마땅함'만이 추가됐을 뿐이다. 그 마땅함은 오랜 수양을 통해 찾고 만들어갈 수 있는 잣대다. 그래서 공자는 '자한편'에서 이렇게 말한 것이다.

더불어 함께 배울 수 있다고 해서 (그 사람들 모두와) 더불어 도리를 행하는 데로 나아갈 수는 없으며, 또 더불어 도리를 행하는 데 나아간다고 해서 (그 사람들 모두와) 더불어 함께 (조정에) 설 수는 없으며, 또 더불어 함께 조정에 설 수 있다고 해서 (그 사람들 모두와) 더불어 권도를 행할[與權] 수는 없다.
여권

더불어 조정에 선다는 것은 일을 하는 것이며 함께 상경을 행하는 단계다. 그것을 넘어서야 더불어 권도를 행할 수 있다. 조선 시대 관제로 말하면 판서까지는 상경을 행하는 자리이고 정승이 돼야 비로소 권도를 행할 수 있다. 사리와 사세(事勢)를 모르고서야 결코 행할 수 없는 것이 권도라 할 것이다. 권도는 특히 사세를 읽을 줄 알 때 가능하다.

곧음은 난세를 잘 살아내는
일의 이치다

우왕에게 위화도회군을 고변한 최유경

여말 선초와 같은 격동기의 역사를 보면 한순간의 잘못된 선택으로 비명횡사한 사람들을 많이 목격하게 된다. 우리 역사에서는 구한말, 광복 직후에도 이런 일들이 많았고 대한민국이 세워지고도 정권마다 이와 비슷한 일들이 반복되고 있다. 민주화 이후에는 생물학적 목숨은 잃지 않더라도 사회적, 정치적 생명을 하루아침에 빼앗기는 사람들을 많이 보게 된다. 또한 변신, 변절을 통해 구차스럽게 생물학적 혹은 사회적, 정치적 목숨을 이어가는 군상들 또한 목도하고 있다.

그런 점에서 여말 선초를 잘 살아낸 최유경(崔有慶, 1343~1413년)은 깊이 탐구할 만한 인물이다. 최유경의 할아버지는 고려 선부전서

(選部典書) 상호군 최득평(崔得枰)이고 아버지는 감찰대부(監察大夫) 최재(崔宰)다. 집안은 나쁜 편은 아니었다. 지금도 충청북도 진천에 그의 효자비가 전하는 것으로 볼 때 효심이 깊은 인물이었던 것으로 보인다.

그의 이름이 『조선왕조실록』에 처음 등장하는 것은 위화도회군과 관련해서다. 1388년(고려 우왕 14년) 4월 18일, 고려는 요동 정벌 계획에 따라 최영을 최고 지휘관인 팔도도통사로 하고 조민수를 좌군도통사, 이성계를 우군도통사로 하는 10만 병사를 평양에서 출발시켰다. 그러나 최영은 우왕의 요청으로 개경에 남고 조민수와 이성계가 정벌군의 지휘를 맡았다. 압록강을 건너기 직전인 5월 7일 지금의 신의주와 의주 사이 압록강 가운데 있는 가장 큰 하중도(河中島)인 위화도에 주둔한 조민수와 이성계는 다섯 가지 이유를 들어 군대를 남쪽으로 돌리겠다는 회군 의사를 우왕에게 주청했다.

그러나 사실상 실권을 쥐고 있던 최영은 이성계의 거듭된 요청을 모두 거부했다. 이성계는 장수들을 불러 모아 "상국(上國-명나라)을 범하면 종사와 만백성에게 큰 화가 닥쳐올 것"이라며 요동 정벌 포기 의사를 밝혔고 장수들은 모두 이성계를 따르겠다고 맹세했다. 결국 위화도에 진영을 설치한 지 2주 만인 5월 22일 이성계는 "돌아가 임금 곁에 있는 악한 자들을 제거하여 세상을 편안케 하리라"고 다짐하며 군사들을 돌렸다.

이때 조전사(漕轉使)로 정벌군에 참가했던 최유경이 말을 달려 회군 소식을 평양 동북쪽 성주(成州-성천)에 나가 있던 우왕에게 급보

했다. 그리고 우왕을 시종해 개경으로 돌아왔다. 사실 이것만 보자면 그 후에 회군이 성공해 이성계가 최영을 처단했을 때 최유경은 목숨을 부지하기 어려웠을 것이다. 그러나 실록은 뜻밖의 기록을 담고 있다.

태조가 집정(執政)해 최영을 물리치고 최유경을 발탁해 밀직부사(密直副使)로 삼았다.

밀직부사란 왕명의 출납, 궁중의 숙위, 군기의 정사를 맡아보던 관서인 밀직사에 속한 벼슬로 요직 중의 요직이다. 어떻게 이런 일이 있을 수 있었을까? 그것은 이성계가 이미 그를 눈여겨보고 있었음을 의미한다. 위화도회군 이전까지 관리로서 최유경의 행적을 실록은 이렇게 기록하고 있다.

홍무(洪武) 임자년(壬子年-1372년)에 판도좌랑(版圖佐郎-고려가 원(元)의 지배하에 들어갔을 때 호부 좌랑을 고친 이름)에 임명됐는데 그때 각도의 의염(義鹽)의 소금가마가 모두 힘센 토호들에게 점령당했으므로 최유경이 갖춰 글을 올려 아뢰어 모두 염창(鹽倉)에 속(屬)하게 했다. 환관 윤충좌(尹忠佐)가 임금의 총애를 믿고 교만 방종해 많은 불법을 행하니 헌사에서 이를 묻고자 했으나 능히 실행하지 못했다. 최유경이 장령으로 옮겨서 일을 보던 초기에 즉시 이를 탄핵했다. 을묘년(乙卯年-1375년) 여름에 전법총랑(典法摠郎)으로 옮겼는데 이사충

(李思忠)의 가노(家奴)가 그 주인을 찔러 죽이려다 죽이지 못하자 이 사충이 이를 고소해 고문(拷問)하기를 여러 차례 했으나 그 실정을 얻지 못했다. 최유경이 사정을 들어서 차근히 물으니 가노가 스스로 자복해 실토했다. 정사년(丁巳年-1377년)에 아비의 상(喪)을 당해 여묘(廬墓)살이하면서 3년의 상제(喪制)를 마쳤다. 무진년(戊辰年-1388년) 정월에 국가에서 권신(權臣) 임견미(林堅味) 등을 주살할 때 최유경을 양광도 안렴사(楊廣道按廉使)로 삼아 전민(田民-농민)을 추고해 바로 잡게 했다.

여기서 우리는 최유경이 곧았을 뿐만 아니라 일 처리에 능했고 유교의 이념에도 투철했음을 알 수 있다. 이런 최유경의 행실은 이미 조정에 널리 알려져 있었을 것이고 이성계는 이 점을 높이 평가했던 것이다. 비록 위화도회군 당시 주군을 위해 그 사실을 말로 내달려 알렸지만 그 후부터는 이성계 노선을 따른 것으로 보인다. 그래서 조선 건국과 함께 원종공신(原從功臣) 명단에 이름이 올랐다. 물론 이때에도 반대가 있었다. 실록의 기록이다.

임신년(壬申年-1392년)에 우리 태조께서 즉위해 원종공신으로 삼으니 좌우(左右)에서 무진년(1388년)의 일을 가지고 반대하는 자들이 있었으나 태조가 그 충의(忠義)를 칭찬했다.

개국에 실질적 기여는 없었지만 태조 이성계가 필요하다고 보아

공신의 작호를 내려준 것이다. 최유경은 1394년(태조 3년)에 경상도 관찰사로 나갔다가 이듬해 4월 중추원지사 겸 중군동지절제사가 돼 중앙 정치로 복귀하게 되는데 태조는 우정승 김사형에게 최유경에 대해 이렇게 말한다.

"경상도 도관찰사 최유경이 무진년(1388년)에 비록 우리들을 배반 했으나 자신의 임금을 위한 것이요, 또 포치(布置)하는 재주가 있다."

자신의 임금을 위했다는 것은 그의 곧음[直]을 평가한 것이고 포 치(布置)란 일을 풀어가는 이재가 뛰어남을 인정한 것이다. 실제로 그 후에 최유경은 사헌부 대사헌에도 오르고 호조의 업무나 관찰사 등을 역임하며 이 두 가지 능력을 고루 선보였다. 특히 그의 곧은 성 품을 보여주는 일화가 실록에 나온다. 1차 왕자의 난이 일어나기 직 적인 1398년(태조 7년) 봄에 태조가 장차 평주(平州) 온정(溫井)에 행차하려 해 유휴사(留後司-개경)에 어가(御駕)를 머물렀다가 정령 (政令)이 해이한 것을 보고 즉시 최유경을 뽑아 유후(留後)로 삼으니 최유경이 나아가 말했다.

"신(臣)이 일찍이 제릉(齊陵-신의왕후 한씨의 능)에 봉향(奉香)했는 데, 수릉인(守陵人)과 제기(祭器)가 모두 미비했습니다. 제릉이 선적 (先嫡-본부인)인데 어찌 홀로 정릉(貞陵-신덕왕후 강씨의 능)에만 두 텁게 하십니까?"

태조가 말했다.

"내가 엷게 하는 것이 아니다. 유사(有司)에서 청하지 않기 때문이다."

본인은 태조·태종의 총애를, 자식들은 세종의 총애를 받았다

1403년(태종 3년)에 대사헌에 오른 것으로 보아 태종 또한 최유경을 중하게 여겼다. 그런데 보다 중요한 것은 다른 신하들 또한 최유경의 행실과 업무 능력을 높게 평가했다는 점이다. 1406년(태종 6년)에 태종이 각사로 하여금 노성(老成)한 자로서 의정부를 맡을 만한 자를 추천하라고 하니 육조(六曹)와 대간(臺諫)에서 모두 최유경을 천거하므로 의정부 참찬사로 삼았다.

그는 벼슬에서 물러난 지 7년 만인 1413년(태종 13년)에 세상을 떠났다. 그러나 그의 이 같은 처신은 자식들에게도 그대로 이어졌고 조선 왕실로부터 대대로 깊은 총애를 받게 만들었다. 그에게는 유복자를 포함해 모두 여섯 아들이 있었는데 그중에 장남 최사위(崔士威)는 세종 때 한성 판윤에 올랐고 둘째 최사의(崔士儀)는 한성 부윤을 지냈으며 청백리로 선정됐다. 특히 넷째 최사강(崔士康)에 이르면 장녀가 태종의 아들 함녕군(諴寧君)과 혼인했고 본인도 병조판서에까지 올랐다. 게다가 1434년(세종 16년) 1월에는 최사강의 장남인 봉례랑(奉禮郎) 최승녕(崔承寧)의 딸이 세종의 넷째 아들인 임영대군(臨瀛大君)에게 출가했고 1437년(세종 19년) 2월에는 둘째 딸이 세종의 여섯째 금성대군(錦城大君)과 혼인했다. 실록은 최사강에 대해서도 극찬을 하고 있다.

왕실과 연혼하면서 갑자기 현귀해졌으나 분수를 지킨 까닭에 세종의 은총이 떠나지 않았고, 이를 배경으로 의정부·육조의 요직을 두루 역임하면서 세종 성세의 일익을 담당했다.

다시 최유경에 대한 실록의 평가다.

시호를 평도(平度)라고 했다. 척당(倜儻-기개가 있어서 남에게 구애받지 않는다는 뜻이다. 척당불기(倜儻不羈)라고도 한다)해 용감히 말하고 남에게 굽히거나 아첨함이 없는 것을 이른 것이다. 중외에 두루 이름을 드날려서[歷敭] 사람들이 깨끗하고 곧다[淸直]고 칭송했다.
_{역양} _{청직}

그릇이 큰 리더와 곧음을 행한 부하

643년 위징(魏徵)이 죽었을 때 당태종은 이렇게 말했다.

"무릇 구리로 거울을 만들면 의관을 단정히 할 수 있고, 옛날로 거울을 삼으면 흥망을 알 수 있으며, 사람으로 거울을 삼으면 득실을 밝힐 수 있다. 짐은 일찍이 이 세 가지를 가져 내 허물을 막을 수 있었다. 지금 위징이 세상을 떠나니 거울 하나를 잃어버렸도다!"

당태종 이세민의 태평성대를 이룬 일등공신 위징도 한때는 반대편에서 이세민을 죽이려 했던 인물이었다. 수나라 말 혼란기에 무양군승(武陽郡丞) 원보장(元寶藏)의 전서기(典書記)가 되었다가 원보장을 따라 이밀(李密)에게 귀순했다. 다시 이밀을 따라 당고조(唐高祖)에게 귀순하여 고조의 장자 이건성(李建成)의 측근이 되었다. 비서승(秘書丞)이 돼 여양(黎陽)에서 이적(李勣) 등에게 항복을 권했다. 두건덕(竇建德)에게 포로로 잡혔다가 두건덕이 패한 뒤 당나라로 돌아와 태자세마(太子洗馬)가 됐다. 『신당서(新唐書)』가 전하는 당태종과 위징의 첫 만남이다.

은태자(隱太子-이건성)가 그를 끌어들여 세마(洗馬)로 삼았다. 위징은 진왕(秦王-즉위 이전 당태종)의 공로가 크다는 것을 보고서 몰래 태자에게 일찍 계책을 써서 진왕을 처치할 것을 권유했다. (그러나) 태자가 패퇴하자 진왕이 그를 불러 꾸짖었다.

"네가 어찌 우리 형제를 이간질했느냐?"

위징이 대답했다.

"태자가 일찍 이 위징의 말을 따랐더라면 죽어서 오늘과 같은 화를 당하지는 않았을 것입니다."

진왕은 그의 곧음[直]을 높이 평가해 더 이상 개의치 않았다. 그리고 황제에 오르자 그를 간의대부(諫議大夫)에 임명했다.

간언을 맡는 사람의 가장 중요한 덕목이 다름 아닌 곧음[直]이다.

242

위징의 곧음을 보여주는 또 하나의 일화가 있다. 한번은 태종이 낙양을 순시하러 가던 길에 소인궁(昭仁宮)에 머물렀는데 음식 대접이 마음에 들지 않는다고 크게 화를 냈다. 그것을 본 위징은 면전에서 태종에게 직언을 했다. "수양제가 유람할 때 백성들이 바치는 음식이 좋지 않다며 화를 냈습니다. 그래서 백성들이 무거운 짐을 지고 늘 허덕였으며, 이로 인해 수나라가 망했습니다. 폐하께서는 이를 교훈으로 삼으셔야 합니다. 오늘의 이 같은 음식에도 만족하셔야 합니다. 그렇지 않고 욕심대로 하신다면 이보다 만 배나 좋은 진수성찬을 차린다 해도 만족하시지 못할 겁니다." 이 말을 듣고 태종이 고개를 끄덕이며 말했다. "경의 말이 일리가 있네. 경이 깨우쳐주지 않았다면 큰일을 그르칠 뻔했네."

최유경이나 위징 모두 이성계나 당태종처럼 그릇이 큰 사람을 만났기에 가능한 일이었음은 말할 필요도 없다. 명군(明君)과 양신(良臣)의 만남이었기에 있을 수 있는 일화다.

『논어』가 전하는 곧음의 중요성

『논어』에는 곧음[直]의 문제가 표면적으로 드러난 것도 있지만 문장이나 문맥의 배후에 작동하고 있는 것도 많다. 그것들을 충분히 이해할 때라야 비로소 곧음이 바로 일의 이치[事理]임을 명확하게 알 수 있다. 그냥 정직이나 직언이라고 할 때의 곧음이 아니기 때문이다.

사리의 측면에서 곧음[直]을 말하는 구절은 세 가지다. 먼저 '공야장 편'이다.

공자가 말했다. "누가 미생고(微生高)를 곧다고 하는가? 어떤 사람이 식초를 빌리려 하자 그의 이웃집에서 빌려다가 주는구나."

옳은 것은 옳다 하고 그른 것은 그르다 하며, 있으면 있다 하고 없으면 없다고 하는 것이 곧음이다. 그런데 노나라 사람 미생고는 굳이 옆집에까지 가서 빌려다 주었다. 남의 평판을 의식하고서 한 행동이기 때문에 공자는 가차 없이 곧지 못하다고 지적한 것이다. 이번엔 '자로 편'이다.

섭공(葉公)이 공자에게 말했다. "우리 당에 정직하게 행동하는 궁이라는 사람이 있으니 그의 아버지가 양을 훔치자 그는 아버지가 훔쳤다는 것을 증언하였습니다."
이에 공자가 말했다. "우리 당의 정직한 자는 이와는 다릅니다. 아버지는 자식을 위해 숨겨주고 자식은 아버지를 위해 숨겨주니 곧음이란 바로 이 가운데 있는 것입니다."

공자의 메시지는 분명하다. 이렇게 하는 것이 사리, 곧 일의 이치라는 말이다. 효(孝)가 곧음[直]의 하나가 되는 것도 그 때문이다. 윗사람에 대한 충(忠) 또한 당연히 곧음이다. 이렇게 돼야 '옹야(雍也)

편'에서 공자가 말한 곧음[直]이 확 다가온다.
_직

"사람을 사람이게 해주는 것은 곧음이다. 곧음이 없는 삶은 요행히 죽음을 면한 것에 불과하다."

이런 곧음은 곧 위선(僞善)을 물리치는 것이다. 위선은 결국 남을 의식해서 하는 것이지 본심이 아니기 때문이다. 그래서 '헌문 편'의 대화는 사리에서 행동의 지침으로까지 나아간다.

어떤 이가 물었다. "덕으로 원한을 갚는 것은 어떻습니까?"
공자가 말했다. "그러면 덕은 무엇으로 갚을 텐가? 원한은 곧음 [直]으로 갚고 덕은 덕으로 갚아야 한다."
_직

그것은 곧 남들이 알아주건 알아주지 않건 스스로의 원칙에 입각해 덕(德)을 기르고 마땅함[義]에 따라 행동하는 문제와 연결되는 것이다. 그렇기 때문에 『논어』의 첫머리에 학이시습(學而時習), 유붕자원방래(有朋自遠方來)와 더불어 다음의 유명한 구절이 3대 강령의 하나로 나란히 배치돼 있는 것이다.

"남들이 알아주지 않아도 속으로조차 서운해하지 않을 때라야 진정 군자가 아니겠는가?"

팔로워가 명심해야 할
일의 태도

능력에 맞게 사람을 쓰고 도리로써 섬기다

『논어』 '위정 편'에서 공자는 이렇게 말했다.

> "군자는 두루 친밀하되 세력을 이루지 않으며[周而不比] 소인은
> 주이불비
> 세력을 이루되 두루 친밀히 하지 않는다[比而不周]."
> 비이부주

이는 군자의 마음은 공심(公心)이 강하기 때문에 두루 어울리며
자신의 사사로운 호불호(好不好)에 따라 사람을 대하지 않는 반면에
소인의 마음은 사심이 강해 그와 반대라는 것이다. '자로 편'에서 공
자는 이를 좀 더 알기 쉽게 풀어서 말한다.

"군자(다운 임금)는 섬기기는 쉬워도 기쁘게 하기는 어려우니, 기쁘게 하기를 도리로써 하지 않으면 기뻐하지 아니하고, 사람을 부리면서도 그 그릇에 맞게 부린다[器之]. 소인(같은 임금)은 섬기기는 어려워도 기쁘게 하기는 쉬우니, 기쁘게 하기를 비록 도리로써 하지 않아도 기뻐하고, 사람을 부리면서도 (한 사람에게 모든) 능력이 갖춰져 있기를 요구한다[求備]."

공자는 자식의 다움[德]이 효도라면 임금의 임금다움은 관(寬)이라고 했다. 이때의 관은 성품으로서의 너그러움보다는 일을 함에 신하들을 그 능력에 맞게 부린다[無求備於一人]는 뜻이다. 그래서 소인 같은 임금은 반대로 구비(求備), 즉 한 사람에게 제반 능력이 다 갖춰져 있기를 요구하는 것이다. 이를 한 글자로는 인(吝)이라고 한다.

공자가 볼 때 제대로 된 신하가 임금을 섬기는 길은 하나다. '선진편'에 나오는 대화다.

계자연(季子然)이 공자에게 물었다. "자로와 염유는 대신(大臣)이라고 이를 만합니까?"

공자가 말했다. "이른바 대신이란 것은 도리로써 군주를 섬기다가 더 이상 도리로써 섬기는 것이 불가능해지면 그만두는 것이다. 지금 자로와 염유는 숫자나 채우는 신하[具臣]라고 이를 만하다."

한문제가 알아본 주아부

한나라 초의 일이다.『한서』에 실린 내용이다.

여씨(呂氏) 일족의 전횡을 막고 다시 유씨(劉氏)의 황실을 반석 위에 올려놓은 주발의 둘째 아들 주아부(周亞夫)는 장수로 이름을 날렸다. 문제 후원(後元) 6년(기원전 158년)에 흉노가 변경을 대규모로 침입했다. 이에 하내 태수 주아부를 장군으로 삼아 세류(細柳)에 주둔시켜 흉노에 대비했다. 문제가 직접 군대를 위무하기 위해 패상에 도착해 극문에 있는 군영에 이르러 곧장 말을 달려 들어가니 장군 이하의 관리들이 말을 탄 채로 영접하러 나왔다. 이윽고 세류에 있는 군영으로 가니 군대의 사졸과 장교들이 갑옷을 입고 각종 무기와 칼 등을 날카롭게 하고 궁노(弓弩)에 화살을 메겨 잔뜩 당기고 있었다. 천자의 선봉대가 그곳에 도착했지만 군영으로 들어갈 수가 없자 선봉대가 소리쳐 말했다.

"천자께서 도착하실 것이다."

군문도위(軍門都尉)가 말했다.

"군중에서는 장군의 명령을 따르는 것이지 천자의 조서(詔書)를 따르는 것이 아닙니다."

얼마 후에 문제가 도착했으나 역시 문제도 들어갈 수 없었다. 이에 문제는 마침내 사자로 하여금 지절(持節)로써 장군에게 조서를 내리도록 했다.

'내가 군영으로 들어가 군대를 위무하고자 한다.'

주아부는 그때서야 명령을 전하게 해 성벽의 문을 열게 했다. 성벽의 문을 지키는 관리들이 (황제의) 거기병의 속관에게 청해 말했다.

"장군의 규약에는 군영에서는 말을 달릴 수가 없습니다."

이에 천자는 말고삐를 당겨 잡고서 천천히 나아갔고 군영에 이르자 주아부가 무기를 소지한 채로 읍(揖)하면서 말했다.

"갑옷을 입은 병사는 절을 하지 않습니다. 청하옵건대 군례로써 알현할 수 있도록 해주십시오."

천자는 감동을 받아 용모를 고치고서 수레의 가로 막대를 잡은 채 답례를 하고 사람을 시켜서 미안하다는 뜻을 전하게 했다.

"황제인 내가 삼가 장군을 위로하는 것이오."

예를 마치자 군영을 떠나면서 문제가 말했다.

"아! 이 사람이 진정한 장군이로다. 이전에 보았던 패상과 극문의 군영은 마치 아이들의 놀이일 뿐이니 그 장군들은 진짜로 습격을 받는다면 포로가 될 것이다. (하지만 오랑캐들이) 주아부가 있는 곳에 이르러서 과연 범할 수 있겠는가?"

훌륭하다는 (황제의) 칭찬이 오래갔다. 한 달여가 지나서 (흉노가 요새에서 멀어지니) 세 군영을 모두 철수시켰다. 마침내 주아부를 제배해 중위(中尉)로 삼았다.

문제는 장차 붕(崩)하기에 앞서 태자에게 타일러 말했다.

"급한 일이 있으면 주아부가 진실로 장병을 맡을 만하다."

문제가 붕하자 주아부는 거기장군(車騎將軍)이 됐다.

문제에 이어 황위에 오른 경제(景帝)는 여러 왕들의 권세를 약화시켜야 한다는 조조(晁錯)의 건의를 받아들였다가 오초(吳楚) 7국의 난을 불러왔다. 이에 경제는 주아부를 태위로 임명해 36명의 장군을 이끌고 가서 오와 초를 공격하게 하니 총 3개월 만에 모두 격파해 궤멸시켰다.

그가 돌아오자 (조정에서는) 다시 태위(太尉)라는 관직을 주었다. 5년 뒤인 중원(中元) 3년(기원전 147년)에 승진해 승상이 됐고 경제는 그를 더욱 중하게 여겼다. 그런데 경제가 율태자(栗太子)를 폐위시키자 주아부는 결연하게 간쟁을 했으나 아무런 소용이 없었다. 경제는 이 일로 말미암아 그를 멀리 했다[疏=遠].
소   원

문제의 황후였던 어머니 두(竇) 태후가 말했다.

"황후의 오라비 왕신(王信)은 후로 봉할 만합니다."

이에 경제는 승상 주아부의 의견을 물었다. 주아부가 말했다.

"고제께서 맹약하시길 '유씨(劉氏)가 아니면 왕이 될 수 없고 공로가 없으면 후가 될 수 없다. 맹약대로 하지 않으면 천하가 모두 그를 공격하라'라고 하셨습니다. 지금 왕신이 비록 황후의 오라비이긴 해도 아무런 공로가 없으니 그를 후로 삼는다는 것은 맹약을 어기는 것입니다."

일은 그것으로 끝이었다. 그 후에 흉노 왕 서로(徐盧) 등 다섯 사람이 한나라에 항복해 오자 경제는 이들을 제후로 삼아 이후에 오게 될 사람들을 고무하려고 했다. 주아부가 말했다.

"저들은 자신의 군주를 배반하고 폐하께 항복했는데 폐하께서 저

250

들을 후로 삼는다면 곧 절의를 지키지 않는 신하들을 무슨 수로 나무랄 수 있겠습니까?"

상이 말했다.

"승상의 의견은 받아들일 수 없다."

이에 서로 등을 모두 봉해 열후로 삼았다. 주아부는 병을 구실로 승상에서 물러났다.

얼마 후에 상이 궁중으로 주아부를 불러 음식을 내려주었다. 그의 자리에는 크게 썬 고기 덩어리 하나만 놓고 잘게 썬 고기나 젓가락은 놓여 있지 않았다. 주아부는 마음이 못마땅해 고개를 돌려 술자리를 주관하는 상석(尙席)에게 젓가락을 가져오게 했다. 경제가 이를 보고는 웃으며 말했다.

"이 자리가 그대의 마음에 차지 않는 모양이오?"

주아부는 모자를 벗고 사죄했다. 상이 "일어납시다"라고 말하자 주아부도 잰걸음으로 나가버렸다. 상은 눈으로 전송하며[目送] 말했다.
목송

"저렇게 불만이 많은 자[鞅鞅]는 (나처럼) 어린 군주의 신하가 될
앙앙
수 없도다!"

그 후 어떤 일을 계기로 주아부는 법리(法吏)에게 넘겨졌는데 법리가 주아부를 반역죄로 무고하자 주아부는 단식을 하다가 옥에서 죽었다. 대를 이은 충성의 결과는 참담했다. 이에 대해 진덕수는 『대학연의』에서 이렇게 촌평했다.

사람의 마음과 생각[度量]이란 서로 떨어져 있으니 어찌 멀지 않
겠습니까? 주아부의 군대가 세류에 있을 때 군의 기강이 엄정하여
비록 임금일지라도 무릎을 꿇지 않았고 이를 본 황제는 비로소 "지
금 당장 천천히 해야 할 것과 서둘러 해야 할 것[緩急]이 있다면 주
아부는 진실로 군사를 거느리는 책임을 맡을 만하다"고 말했습니다.
그 후 어떤 일로 여러 차례 간언을 하여 황상의 마음에 서운해하는
마음이 쌓여 경제는 결국 이 때문에 주아부를 의심하여 이렇게 말했
습니다. "이렇게 작은 일에도 불만스러워하니 어린 임금의 신하는 아
니로구나."

세류에서의 일이 만약에 효경제 때 있었다면 주아부는 반드시 황
제를 모독했다 하여 주살되었을 것이니 오히려 어찌 (그 이후에) 군대
를 이끌 수 있었겠습니까? 또 그 후에도 계속 문제가 살아 있었더라
면 그는 충성을 다하고 간언을 올려 사직을 지키는 신하로 간주되었
을 것이니 두 황제의 마음과 생각이 서로 다르기가 이와 같았습니다.
따라서 일이 그렇게 된 것은 문제는 자신을 털어내려는 것[拂己]에
대해서도 서운한 마음을 품지 않았는데 경제는 자기에게만 맞춰줘야
[適己] 기뻐했던 때문입니다.

곧은 도리로 두 임금을 섬긴 황희

황희(黃喜, 1363~1452년)에 대해서는『세종실록』에 실려 있는 그의 졸기(卒記)를 따라가며 정밀한 분석을 해볼 필요가 있다.

황희는 (전라도) 장수현(長水縣) 사람인데 자(字)는 구부(懼夫)이며 판강릉부사(判江陵府事) 황군서(黃君瑞)의 아들이다. 출생해서 신기(神氣)가 보통 아이와 달랐는데, 고려 말기에 과거에 올라서 성균관 학관(成均館學官)에 보직(補職)되었다. 우리 태조께서 개국(開國)하시매 선발되어 세자 우정자(世子右正字)를 겸무하고, 조금 후에 예문 춘추관(藝文春秋館)을 맡았다가 사헌 감찰(司憲監察)과 우습유(右拾遺)에 전직(轉職)되었는데 어떤 일로써 경원 교수관(慶源教授官)으로 폄직(貶職)되었다. 태종이 사직을 안정시키니 다시 습유(拾遺)의 벼슬로써 불러 돌아왔는데, 어떤 일을 말하였다가 파면되었다가, 조금 후에 우보궐(右補闕)에 임명되었으나 또 말로써 임금의 뜻에 거슬려서 파면되었다. 형조, 예조, 병조, 이조 등 여러 조(曹)의 정랑(正郎)을 역임했다. 이때 박석명(朴錫命)이 지신사로서 오랫동안 기밀(機密)을 관장하고 있었는데 여러 번 사면(辭免)하기를 청하니 태종이 말했다.

"경(卿)이 경과 같은 사람을 천거해야만 그제야 대체(代遞)할 수 있을 것이다."

박석명이 황희를 천거하여 갑자기 도평의사 경력(都評議司經歷)과 병조 의랑(兵曹議郞)으로 천직(遷職)되었다.

그가 사헌부와 사간원에서 관직 생활을 했다는 것은 일찍부터 엘리트 코스를 걸었다는 뜻이다. 그런데 여기서만 벌써 두 차례나 '어떤 일을 말하였다가 파면되었는데', '또 말로써 임금의 뜻에 거슬려서 파면되었다'라는 대목이 있는 것으로 볼 때 직언을 피하지 않는 성품이었음을 알 수 있다. 박석명은 태종이 가장 신뢰했던 신하다. 그의 천거로 황희는 태종의 가장 가까운 심복이 됐다. 박석명의 천거는 정확했다.

그가 아버지 상사(喪事)를 만나니, 태종은 승추부(承樞府)가 군무(軍務)를 관장하고, 또 국가에 사고가 많은 이유로써 무관의 백일(百日)에 기복출사(起復出仕)시키는 제도를 권도(權道)로 따르게 하여 대호군(大護軍)에 임명하고, 승추부 경력(經歷)을 겸무하게 하였다. 우사간 대부(右司諫大夫)로 승진되었다가 얼마 안 있어 좌부대언(左副代言)에 발탁되고 마침내 박석명을 대신하여 지신사에 임명되었다. 후하게 대우함이 비할 데가 없어서 기밀 사무를 오로지 다하고 있으니, 비록 하루이틀 동안이라도 임금을 뵙지 않는다면 반드시 불러서 뵙도록 하였다. 태종이 일찍이 말했다.

"이 일은 나와 경(卿)만이 홀로 알고 있으니, 만약 누설된다면 경이 아니면 곧 내가 한 짓이다."

훈구대신(勳舊大臣)들이 좋아하지 아니하여 혹은 그 간사함을 말하는 사람이 있기도 하였다.

황희는 공신이 아니면서도 태종의 무한한 총애를 받았다. 그의 간 사함을 말한 훈구대신이란 바로 하륜을 가리키는 것이다. 황희는 무엇보다 민씨(閔氏) 세력을 제거하는 데 결정적인 기여를 했다.

이때 민무구(閔無咎)·민무질(閔無疾) 등이 권세가 크게 성하여 종지(宗支-효령대군과 충녕대군)를 모해(謀害)하니 황희는 이숙번, 이응(李膺), 조영무(趙英茂), 유량(柳亮) 등과 더불어 밀지(密旨)를 받아 이들을 도모했다. 여러 민씨들은 마침내 몰락했다.

이 표현에서 외척 민씨 제거에 황희가 지대한 역할을 했음을 알 수 있다. 그러나 세자가 계속 음란을 일삼자 태종은 폐세자를 결심하게 되는데 이때 황희는 결사적으로 반대했다. 이는 태종의 의심을 사는 계기가 됐다.

병신년(丙申年-1416년)에 세자 이제(李禔)가 덕망을 잃어서, 태종이 황희와 이원(李原)을 불러서 세자의 무례한 실상을 말하니, 황희는 세자는 경솔히 변동시킬 수 없다고 여겨 이에 아뢰었다.
"세자가 나이가 어려서 그렇게 된 것이니, 큰 과실은 아닙니다."
태종은 황희가 일찍이 여러 민씨들을 제거할 의논을 주장하였으므로 세자에게 붙어서 민씨의 원한을 풀어주고 후일의 터전을 삼으려 한다는 이유로써 크게 성내어 점점 멀리하여서 공조판서(工曹判書)에 임명하였다가 다음 해에는 평안도 도순문사(平安道都巡問使)로 내보내었다. 무술년(戊戌年-1418년)에 판한성부사(判漢城府事)로 불러서 돌아왔으나, 세자가 폐위되니 황희도 폐하여 서인으로 삼고 교하(交河)에 폄출(貶黜)시키고는 모자(母子)를 함께 거처하도록 허가하였다. 대신과 대간들이 죄주기를 청하여 그치지 않으니 태종이 황희의 생질(甥姪) 오치선(吳致善)을 폄소(貶所-유배지)에 보내어 말했다.

"경(卿)은 비록 공신이 아니지마는 나는 공신으로 대우하므로, 하루이틀 동안이라도 보이지 않으면 반드시 불러 보아서 하루라도 나의 좌우에서 떠나 있지 못하게 하려고 하는데, 지금 대신과 대간들이 경에게 죄주기를 청하여 양경(兩京-한양과 개경) 사이에는 거처시킬 수 없다고 한다. 그런 까닭으로 경을 경의 향관(鄕貫)인 남원(南原)에 옮겨두니, 경은 어미와 더불어 편리할 대로 함께 가라."

태종은 수시로 사람을 보내 황희의 동태를 살폈다. 그때마다 신하들이 와서 이렇게 보고했다.

"황희가 말하기를 '살가죽과 뼈는 부모가 낳으셨지마는, 의식(衣食)과 복종(僕從)은 모두 성상의 은덕이니, 신(臣)이 어찌 감히 은덕을 배반하겠는가? 실상 다른 마음은 없었다'라고 하면서 마침내 울면서 어찌할 바를 모르고 있었습니다."

마침내 1422년(세종 4년) 상왕으로 있던 태종은 황희를 불러올렸다. 그러나 세종으로서는 황희가 달가울 리가 없었다. 일단은 한직에 그냥 내버려두었다. 그런데 얼마 후 강원도에 큰 가뭄이 들었다.

강원도에서 기근이 있었는데, 관찰사 이명덕(李明德)이 구황(救荒)의 계책을 잘못 썼으므로 황희로써 이를 대체(代遞)시켰더니, 황희가 마음을 다하여 진휼(賑恤)하였다. 세종이 이를 가상(嘉尚)히 여겨 숭정대부(崇政大夫) 판우군도총제부사(判右軍都摠制府事)에 승진 임명하고 그대로 관찰사로 삼았다.

그리고 승진에 승진을 거듭해 마침내 좌의정에 오르는데 이때 세종은 아버지 태종이 했던 이야기를 처음으로 털어놓는다.

"경이 폄소에 있을 적에 태종께서 일찍이 나에게 이르시기를 '황희는 곧 한나라의 사단(史丹)과 같은 사람이니, 무슨 죄가 있겠는가?' 하셨다."

사단(史丹)은 중국 한나라 원제(元帝) 때 시중(侍中)으로 있던 명신(名臣)이다. 원제가 가장 사랑하는 후궁 부소의(傅昭儀)의 소생 공왕(恭王)이 총명하고 재주가 있어 세자를 폐하고 공왕으로 후사를 삼고자했으나 사단이 극력 간(諫)하여 마침내 폐하지 않았다. 태종은 결국 황희가 폐세자를 반대한 것은 사심이 아니라 곧은 마음[直心]에서 나온 것이라고 보았고 세종 또한 거부감에도 불구하고 아버지의 당부를 공심(公心)으로 받아들였기에 명정승 황희는 탄생할 수 있었다. 주아부의 처참한 최후와는 확연한 대조를 이룬다. 그것은 세종이 실은 한나라 문제와 같은 마음을 갖고 있었기에 가능한 일이었다.

군자가 처신하는 도리,
소인이 처신하는 행태

군자, "써주면 행하고 버리면 숨어 지낸다"

군자와 소인을 변별하는 잣대 중 하나는 그 사람의 벼슬에 나아가고 물러남[進退]을 살피는 것이다. 우선 이와 관련된 『논어』의 구절들을 살펴보자. '술이(述而) 편'에 나오는 공자의 말이다.

> "(임금이) 써주면 (나아가 도리를) 행하고 (임금이) 버리면 (도리를 담아두고서) 숨어 지낼 줄 아는 것을 오직 너하고 나만이 갖고 있구나!"

이는 공자가 수제자 안회를 향해서 한 말이다. 이는 원래 군자의 즐거움[說]에 속하는 것이다. 소인은 자신의 편안함만을 즐거워하지만 군자는 평소에는 도리를 닦다가 기회가 되면 벼슬에 나아가 백성

[小人]들의 즐거움을 더해주는 일을 자신의 도리로 삼는 사람들이다. 이런 맥락에서 먼저 '자로 편'에 나오는 다음과 같은 대화를 보자.

공자가 위(衛)나라에 갈 때 염유(冉有)가 수레를 몰았다. 공자가 "인민이 많구나!"라고 하자 염유는 "이미 인민이 많으면 또 무엇을 더해야 합니까?"라고 물었다. 공자는 "그들을 부유하게 해주어야 한다"고 답했다. 또 염유가 "이미 부유해지면 또 무엇을 더해야 합니까?"라고 묻자 공자는 "(사람답게 사는 법을) 가르쳐야 한다"고 답했다.

여기서 인민이 많다는 것은 다름 아닌 군사력이 강하다는 말이다. 이렇게 되면 군사, 부유함, 가르침의 문제는 자연스럽게 '안연 편'에 나오는 공자와 자공의 대화와 깊이 연결된다.

자공이 바른 정치를 하려면 어떻게 해야 하느냐고 묻자 공자는 이렇게 답했다. "먹을 것을 풍족하게 하고[足食] 군대를 풍족하게 하고[足兵] 백성들이 정치 지도자들을 믿고 따르게 하는 것[民信]이다." 이에 자공이 다시 물었다. "어쩔 수 없이 셋 중에 하나를 버려야 한다면 어떤 것을 먼저 버려야 하겠습니까?"

공자는 "군사를 버려야 한다"고 답했다. 다시 자공이 물었다. "어쩔 수 없이 나머지 둘 중에 하나를 버려야 한다면 어떤 것을 먼저 버려야 하겠습니까?"

공자가 답했다. "양식을 버려야 한다. 예로부터 사람은 누구나 다

260

죽음이 있거니와 사람은 믿음이 없으면 설 수 없다."

결국 두 편을 연결해 보면 부국강병과 교화(敎化)로 요약할 수 있다. '안연 편'을 편벽되게 해석하는 주자학은 족식(足食)과 족병(足兵)은 내버려둔 채 모든 것을 교화에 달려 있다고 보았다. 그래서 그들은 한당(漢唐) 시대를 한마디로 '공리(功利)만을 쫓던 시대'로 매도하고 부국강병은 자신들의 관심이 아니라고 여겼다. 그러나 '자로 편'과 '안연 편'을 교차해서 읽어보면 공자의 본뜻이 어디에 있었는지를 아는 것은 어렵지 않다. 부국강병과 백성들을 도리로써 가르치는 일은 모두 군자의 마땅한 임무다.

이렇게 이해할 경우 군자는 임금이 써주지 않을 때는 바로 이와 같은 부국강병의 방책과 교화의 방법을 늘 함께 연마하고 있다가 임금이 써주게 되면 자리에 나아가 백성들을 넉넉하게 하고 나라를 튼튼히 하며 풍속을 맑고 깨끗하게 하는 일에 혼신의 힘을 쏟아야 한다. 한 줌도 안 되는 공리공담(空理空談)이나 현실과 동떨어진 고담준론(高談峻論)으로 임금의 눈과 귀를 붙잡아 자리나 차지하는 것은 결코 공자가 말한 군자의 도리가 아니다. 이미 공자는 '양화 편'에서 바로 이런 그릇된 부류의 인물군들에 대해 통렬하게 경고한 바 있다.

비루한 사람[鄙夫]과 함께 임금을 섬기는 것이 과연 가능할 수 있을 것인가? (벼슬을) 얻기 전엔 그것을 얻어보려고 걱정하고, 이미 얻고 나서는 그것을 잃을까 걱정한다. 정말로 잃을 것을 걱정할 경우 (그것을 잃지 않기 위해) 못하는 짓이 없을 것이다[無所不至].
無 所不至

백성들의 삶을 구제할 능력도 없이 그 자리를 맡아 백성들을 부리는 관리만큼이나 비루한 사람이 또 어디 있겠는가? 이런 사람을 옛 사람들은 속유(俗儒)라 불렀다. 속물 같은 유학자라는 말이다.

군자의 도리로 처신한 조선 중종 때의 재상 정광필

연산군의 뒤를 이은 중종은 40년 넘는 재위 기간에도 불구하고 이렇다 할 족적을 남기지 못한 용군(庸君)이다. 그러나 왕조 시대의 인물은 임금이 만들기도 하지만 시대가 만들기도 한다. 중종 시대를 대표하는 정승 하면 두말할 나위도 없이 정광필(鄭光弼, 1462~1538년)이다. 과연 그는 어떤 인물이며 어떤 재상이었나?

정광필의 아버지는 성종 때 의정부 좌참찬(議政府 左參贊)을 지낸 정난종(鄭蘭宗)이다. 1462년(세조 8년)에 태어난 정광필은 유복한 가정에서 자라 어려서부터 배움에 힘써 경전(經傳)과 자사(子史)를 독송(讀誦)해 은미한 말과 심오한 뜻을 묵묵히 이해하고 환하게 연구하여 널리 통하지 않음이 없었다고 한다. 그의 신도비에 따르면 "『좌씨춘추(左氏春秋-춘추좌씨전)』와 『주자강목(朱子綱目-자치통감강목)』을 좋아해 손에서 잠시라도 놓는 일이 없었으니 속유가 다른 사람의 글귀를 표절하여 필요할 때에 써먹거나 과거 시험에 응시하기 위하여 공부하는 것과는 같지 않았다"고 한다.

1492년(성종 23년)에 문과에 급제해 벼슬길에 들어섰으나 초급 관리 시절이 끝나기도 전에 성종이 세상을 떠나 연산군 시대를 맞이했다. 여러 관직을 두루 거친 그는 1503년(연산군 9년)에 등급을 뛰어넘어 홍문관 직제학에 제수됐으며 이조참의로 옮겼다. 이때부터 이미 폭군이 기미를 보이기 시작한 연산군은 자신에 대해 간언하는 자를 원수처럼 미워했다. 그럼에도 정광필은 일찍이 소(疏)를 올려 연산군이 사냥에 탐닉하는 것을 간언했다가 이듬해 아산현(牙山縣)으로 귀양 갔다.

"이때 법령이 준엄하여 귀양 처벌을 당한 자는 자유롭게 지내지 못하였는데 공은 빗자루를 들고 관문(官門)을 지키면서도 짜증내거나 싫어하는 기색이 없었다."

마침내 1506년(중종 원년) 반정이 일어나 정광필도 유배에서 풀려나 날개를 달았다. 훈구와 사림 모두에게 신망이 컸던 그는 중종 초기 진급에 진급을 거듭했다. 1507년(중종 2년) 특별히 이조참판(吏曹參判)에 제수됐고, 1508년(중종 3년)에 병조로 전직됐으며, 사헌부 대사헌을 거쳐 등급을 뛰어넘어 한성부 판윤에 제수되고 얼마 있다가 예조판서로 옮겼다. 이조에서 예조에 이르기까지 항상 경연 춘추관을 겸직했다. 그의 이런 빠른 승진은 무엇보다 반정공신의 한 사람인 성희안(成希顔)의 지원에 힘입은 바 크다. 성희안은 일찍부터 정광필이 정승감임을 알아보고서 계속 초탁(超擢)하여 마침내 정광필은 1513년(중종 8년) 우의정을 거쳐 좌의정에 오른다.

말수가 적은 정광필이었지만 국가의 중대 사안에 대해서는 자기 의견을 굽히지 않았다. 1515년(중종 10년) 장경왕후(章敬王后)가 죽고 중종의 총애를 받던 후궁이 자기의 소생을 끼고 왕비의 자리에 오르려 하자 홍문관 동료들을 이끌고 경전(經傳)을 인용, 극간해 새로이 왕비를 맞아들이게 한 것은 그 한 가지 예일 뿐이다.

무난해 보였던 중종 시절 관리 생활 중에서 첫 번째 위기가 1519년(중종 14년)에 찾아왔다. 기묘사화가 일어난 것이다. 당시 상황을 신도비는 잘 압축해서 기록하고 있다.

"기묘년(1519년)에 두세 명의 신하가 거짓으로 벌레 먹은 나뭇잎과 참서(讖書)를 만들고는 액정(掖庭-후궁 경빈 박씨를 말함)을 통해 몰래 아뢰어 천총(天聰)을 의혹시켰다. 그러고는 밤에 신무문(神武門)을 열고 편전에 입대(入對)하자, 천위(天威-임금의 위엄)가 진동하여 앙화(殃禍)를 장차 예측할 수 없었는데 어떤 이가 말하기를 '조정의 대사(大事)를 수상(首相-영의정 정광필)이 알지 못하게 해서는 안 됩니다'라고 하자 마침내 공을 불렀는데, 공이 상(上) 앞에 이르러 만 번 죽기를 무릅쓰고 구원하여 화해시키려 하자 상이 진노하여 일어나버렸다. 이에 공이 상의 옷자락을 붙잡고 따라가면서 눈물이 말을 따라 흐르자 상 또한 느껴 깨닫고서 마침내 부월(斧鉞-사형의 형벌)을 너그러이 했으니 이는 공의 힘이었다."

국량(局量)이 크고 바른 재상이었다.

두 번째 위기는 당대의 권간(權奸) 김안로(金安老)와의 충돌에서 찾아왔다. 처음에 김안로가 아직 현달하지 않았을 때 정광필이 그를 '간사한 사람[憸人]'으로 지목한 바 있었다. 그가 임금과 인척이 되자 내전(內殿) 세력에 의지하여 호곶(壺串)의 목장을 차지해 전답을 만들려고 했다. 공이 태복시 제조(太僕寺提調)로 재임하면서 법을 끌어대어 허락하지 않자 또 임금의 명령이라고 일컬으면서 반드시 그곳을 얻으려고 했다. 그러나 정광필이 굳게 거부하고 따르지 않자 김안로가 앙심을 품었다. 김안로가 폄척(貶斥)되어 지방에 있을 적에 그를 방환(放還)하려는 자가 있었는데 정광필이 또 자주 그 일을 중지시켰다.

이윽고 김안로가 권력을 쥐게 되자 사사로운 원한을 갚고자 꾀하여 조정에 화근(禍根)을 빚어냈는데 공이 재상인 이행(李荇)에게 말하기를 "김안로는 결코 착한 사람이 될 수 없다"라고 하니 이로 말미암아 원한을 쌓아 온갖 방법으로 공을 함정에 빠뜨렸다. 결국 정광필은 영의정에서 물러나 중추부 영사가 됐다. 실권이 완전히 사라진 것이다. 그리고 김안로의 계략에 의해 1537년(중종 32년) 유배를 떠나야 했다.

다행히 6개월 만에 김안로 세력이 패망하는 바람에 한양으로 돌아와 다시 중추부 영사를 맡았는데 그가 한양으로 돌아올 때의 모습과 더불어 그가 세상을 떠난 사실을 신도비는 이렇게 묘사하고 있다.

"서울로 들어오던 날에 도성 사람들이 발돋움하여 구경하느라 저 잣거리가 텅 비었으니, 마치 사마광(司馬光)이 낙양(洛陽)에서 궁궐로 나아오던 때에 조야(朝野)가 목을 빼고서 그가 재상으로 복직하는 것을 바라보던 것과 같았다. 그러나 갑자기 질병에 걸려 일어나지 못했으니 무술년(1538년, 중종 33년) 12월 갑진일(甲辰日)로 춘추는 77세였다."

소인배의 행태를 보여준 재상 이기와 정순붕

뛰어난 재주를 갖고서도 욕심이 지나쳐 바른 도리를 망각하는 자가 있다면 예나 지금이나 비난의 대상이 될 만하다. 조선 명종 초 윤원형을 도와 을사사화(乙巳士禍)를 일으킨 이기(李芑, 1476~1552년)와 정순붕(鄭順朋, 1484~1548년)이 바로 비부(鄙夫)의 전형이다.

먼저 이기는 1501년(연산군 7년)에 문과에 급제했고 1527년(중종 22년) 한성부 우윤이 되어 성절사(聖節使)로 명나라에 다녀왔다. 그 뒤 경상도 관찰사, 평안도 관찰사를 거치면서 민정과 국방에 이바지했다. 1533년(중종 28년) 공조 참판에 오르고, 이어서 예조 참판, 한성부 판윤을 역임했다. 1539년(중종 34년) 진하사(進賀使)로 다시 명나라에 다녀왔다. 그동안 지은 공로로 국왕이 병조판서에 임명하려 했으나 이조판서 유관(柳灌)이 장리의 사위로서 서경을 받을 수 없다며 반대했다. 이 때문에 유관은 나중에 보복을 당했다. 국왕의 신임과 이언적(李彦迪)의 주장으로 형조판서가 되고, 이어 병조판서로 발탁됐다. 1543년(중종 38년) 의정부 우찬성에 이어 좌찬성, 우의정

266

에 올랐다. 그러나 인종이 즉위해 대윤 일파가 득세하자 윤임(尹任) 등이 부적합하다고 탄핵하여 판중추부사·병조판서로 강등했다. 이에 원한을 품고 있던 중 명종이 즉위해 문정왕후가 수렴청정을 하자 윤원형과 손잡고 을사사화를 일으켰다. 실록이 전하는 그의 악행의 일부다.

이기는 인품이 흉패하고 모습은 늙은 호랑이와 같았으므로 그 외모만 보아도 속마음을 알 수가 있었다. 평소 집에서 책을 펴고 글을 읽으며 자칭 학문의 심오한 뜻을 깨쳤다 하고 조그마한 일에 구애하지 않고 대범한 척하였다. 일찍이 송경(松京)의 일사(逸史) 서경덕(徐敬德)과 학문을 논하다가 서경덕이 그의 학문을 인정하지 않자 노기를 나타냈다.

중종 말년에 재신(宰臣)이 그가 쓸 만하다고 천거함으로써 흉계를 부릴 길이 드디어 통하게 된 것이다. 윤임의 일이 있자 이를 자기의 공으로 삼아 드디어 정승의 지위를 점거하고 또 권병(權柄)을 장악했다. 그리하여 모든 정사가 그에게서 나왔고 권세는 임금을 능가했다. 당당한 기세는 타오르는 불길 같아 생살여탈을 마음대로 하였으므로 공경·재상·대간·시종이 모두 그의 명령을 받아 움직였다. 따라서 모든 화복은 그의 희로(喜怒)에 좌우되고, 은혜를 갚고 원수를 갚음에 있어 사소한 것도 빼놓지 않았다. 자신을 의논할 경우 처음에는 알지 못하는 것처럼 하다가 끝내는 철저히 보복하여 전후 살해한 사람이 매우 많았다. 그러므로 온 나라 사람들이 모두 숨을 죽이며 조심하여 감히 이기에 대해 언급하지 못했다.

사방에서 실어오는 물건이 상공(上供)보다 많았으며, 귀천이 마구 몰려들어 그 문전은 마치 저자와 같았다. 그의 자제, 희첩(姬妾), 비복(婢僕), 배종(陪從) 등이 배경을 믿고 작폐한 것은 이루 다 기록할 수 없었다. 이기의 아들 이원우(李元祐) 역시 교활 우매하고 연소한 일개 무인인데, 아비 이기의 연줄로 대언(代言)이 되었다. 동료들이 함께 있는 것을 부끄럽게 여겼으나 감히 말하는 사람이 없었다. 이기가 끝내 수상(首相-영의정)이 되어 스스로를 정책국로(定策國老)에 비기면서 하지 않는 짓이 없었으므로 대간이 이에 사력을 다해 논박하여 상위(相位)만은 체직시켰으나 호랑이를 찔러 완전히 죽이지 못한 두려움은 남게 되었다. 이기가 다시 수상이 되자 과연 맨 먼저 발의한 대간을 죽이는 등 마구 흉독을 부렸다.

하루는 입시(入侍)하였다가 갑자기 풍현증(風眩症)을 일으켜 상 앞에서 넘어졌다. 수레에 실려 집으로 돌아와 인사(人事)를 살필 수 없는 지경이었는데도 수년 동안 권병을 놓지 않았다. 그리하여 대간이 논계한 뒤에야 비로소 체직하였고, 그가 거의 죽게 됨에 미쳐서는 온 조정이 논계했으나 끝내 윤허를 받지 못하였다.

정순붕은 1504년(연산군 10년) 문과에 병과로 급제해 사림과 교유했다. 1516년(중종 11년) 조광조, 박상(朴祥), 김정 등과 더불어 사유(師儒)로 선발되고, 이어 이조판서 송천희(宋千喜)의 천거로 장령에 임명되었다. 1518년(중종 13년)에는 김정국(金正國), 신광한(申光漢)

등과 함께 경연강독관(經筵講讀官)으로 선발되었다.

이듬해 좌부승지·충청도 관찰사를 지내고 형조 참의에 이르렀으나, 기묘사화가 일어나 사림이 일망타진되면서 이에 연루, 전주 부윤으로 좌천됐다가 1520년(중종 15년) 파면되고, 이듬해 관직이 삭탈되었다. 1531년(중종 26년) 이래 영의정 정광필 등에 의해 등용이 논의되었으나 실현되지 못하고, 김안로 일당이 제거돼 기묘사화로 죄를 받은 사림이 모두 풀려나면서 등용되었다. 1539년(중종 34년) 공조 참판에 제수되어 곧 명나라에 다녀와 명나라에서 구한『황명정요(皇明政要)』·『요동지(遼東志)』6권을 나라에 바쳤다. 1542년(중종 37년) 형조판서로 승진하고, 곧 호조판서로서 오랫동안 국가 재정을 주관하였다. 1544년(중종 39년) 의정부 우참찬으로서 내의원 제조(內醫院提調)를 겸임하다가 대사헌이 되었다. 인종이 즉위하여 대윤이 득세하면서 의정부 우참찬에서 지중추부사로 체직되었다.

명종이 즉위하여 문정왕후가 수렴청정을 하자 윤원형, 이기 등이 을사사화를 일으켰는데, 그는 이기 등과 어울려 음모를 꾸며 많은 사람을 죽이고 귀양 보내니 사람들은 그를 이기 등과 더불어 간흉(姦凶)이라고 불렀다.

대개 사람이 악을 행하는 데에는 두 가지가 있다. 시기하고 음험하여 남을 죽이는 것을 좋아하는 경우는 악에 강(强)한 자로서 이기와 같은 예이며, 그것이 악인 줄 알면서도 위력에 겁을 내어 악을 행하는 자는 악에 유(柔)한 자이니, 곧 정순붕의 경우이다. 관직은 의정부 우찬성에 오르고 지경연사(知經筵事)를 겸하였다. 을사사화의 공로로 유관의 가족들을 적몰하여 자기의 노비로 삼았는데, 그중 갑이(甲伊)라는 여종이 주인 유관의 원수를 갚기 위해 염병을 전염시켜 죽게 했다 한다. 벼슬이 우의정에 이르렀으나 1578년(선조 11년) 관직과 훈작이 모두 삭탈됐다.

사람을 그릇에 맞게 쓰고
도리로써 섬긴다

섬기기는 쉬워도 기쁘게 하기는 어렵다

『주역』을 『논어』로 풀고 다시 『조선왕조실록』과 반고의 『한서』를 비롯한 중국사의 사례를 통해 검증하는 작업을 하다 보니 자연스럽게 자주 사용하게 되는 열쇠가 있었다. 『논어』 '자로 편'에 나오는 공자의 다음과 같은 말이다.

"군자(다운 임금)은 섬기기는 쉬워도 기쁘게 하기는 어려우니, 기쁘게 하기를 도리로써 하지 않으면 기뻐하지 아니하고 사람을 부리면서도 그 그릇에 맞게 부린다[器之]. 소인(같은 임금)은 섬기기는 어려워도 기쁘게 하기는 쉬우니, 기쁘게 하기를 비록 도리로써 하지 않아도 기뻐하고, 사람을 부리면서도 한 사람에게 모든 능력이 완비되기를 요구한다[求備]."
求備
구비

짧지만 여기에는 참으로 많은 주제들이 녹아들어 있다. 군자와 소인의 대비, 섬김과 기쁘게 하기의 대비, 도리의 문제, 그 그릇에 맞게 부리는 지도자의 너그러움[寬]과 아랫사람 한 사람에게 모든 것이 다 갖춰져 있기를 바라는 지도자의 게으름[倦] 등이 그것이다. 이를 송나라 학자 진덕수는 『대학연의』에서 이렇게 풀었다.

군자의 마음은 평온하면서도 인자하니[平恕] 섬기기가 쉬운 것이고 그 태도가 바르고 크니[正大] 기쁘게 하기는 어려운 것입니다. 오직 평온하고 인자함으로 일관하니 사람을 부림에 있어서도 각각이 가진 장점을 취합니다. 반면 소인의 마음은 모질고 각박하니[刻刻] 섬기기가 어려운 것이고 그 태도가 치우치고 사사로우니[偏私] 기쁘게 하기는 쉬운 것입니다. 오직 모질고 각박함으로 일관하니 사람을 씀에 있어 반드시 그에게 모든 것이 갖춰져 있기를 요구합니다.

이런 군자의 모습을 한나라를 세운 고조 유방에게서 명확하게 알 수 있다. 먼저 군자의 '섬기기는 쉬워도 기쁘게 하기는 어렵다'의 사례를 보자. 초한(楚漢) 전쟁이 한창일 때 유방은 항우(項羽)의 장수 정공(丁公)과 팽성(彭城) 서쪽에서 접전을 벌이다가 궁지에 몰린 적이 있었다. 이때 유방이 말했다.

272

"우리는 둘 다 좋은 사람들인데 어찌 서로 힘겹게 싸워야 하는가?"

어떤 이유에서인지 정공은 싸움을 멈추고 군사를 거둬 돌아갔다. 그는 계포(季布)의 외삼촌이기도 했다. 계포 또한 초나라 사람으로 여러 차례 유방을 곤경에 빠트린 적이 있다. 항우가 멸망하자 유방은 1천 금을 내걸고 계포를 잡으려 했고 마침내 붙잡았다. 이때 계포가 말했다.

"제가 무슨 죄가 있습니까? 신하는 각자 자기 군주를 위해 일합니다. 제가 항우를 위해 일한 것은 내가 할 일을 다한 것뿐입니다. 항우의 신하라고 해서 어찌 다 주살해야 합니까?"

이 말에 유방은 계포를 사면하고 그에게 관직을 내려주었다. 이를 본 정공도 유방을 찾아갔다. 그러나 유방은 정공을 붙잡아 군중에서 조리돌림[徇]을 시킨 뒤에 이렇게 말했다.

"정공은 항왕의 신하가 되어 충성을 다하지 않아 항왕으로 하여금 천하를 잃게 만든 자다. 후세에 다른 사람의 신하 된 자들에게 정공을 본받지 못하게 하려고 한다."

마침내 정공의 목을 베었다. 계포는 과거 자기 임금을 위해 충성을 다했기에 살 수 있었고 정공은 과거 자기 임금을 도리로 섬기지 않았기에 목이 달아난 것이다. 이는 도리를 아는 군자다운 임금 유방이었기에 가능했던 일이다.

도리로 임금을 섬긴다는 것

우리는 흔히 충(忠) 혹은 충신이라 하면 직언, 직간하는 신하를 떠올린다. 그러나 말로 충성하는 신하보다 일로 충성하는 신하가 윗길이며 일로 충성하는 신하보다 몸으로 충성하는 신하가 윗길이다. 물론 몸으로 충성하는 것과 자신의 이득을 도모해 몸으로 충성하는 척하는 아첨은 구분해야 한다. 도리로 임금을 섬긴 신하 중에 잊어서는 안 될 이름 하나가 관고(貫高)다.

유방이 한나라를 세워 천자가 된 후의 일이다. 고조(高祖-유방)가 평성(平城)에서부터 조나라를 지날 때 조왕 장오(張敖)는 아침저녁으로 직접 음식을 올리고 몸을 크게 낮춰 (예비) 사위로서의 예를 갖췄다. 그런데 고조는 양 다리를 상 위에 내뻗고 욕을 해대며 아주 오만한 태도를 보였다. 조나라 재상 관고와 조오(趙午)는 60세가 넘었는데 화를 내며 말했다.

"우리 왕은 유약한 왕이다."

그러고는 조왕 장오를 설득해 말했다.

"(지금은) 천하의 호걸들이 다투어 일어나 능력이 있는 자가 먼저 왕이 되는 때입니다. 지금 왕께서는 황제를 심히 공손하게 섬기는데 황제가 왕을 대하는 것은 예가 없으니 청컨대 왕을 위해 그를 죽여야겠습니다."

장오는 손가락을 깨물어 피를 내면서 말했다.

"그대들은 어찌 그리 함부로 말하는가! 그리고 선왕께서 나라를 잃었을 때 황제에 힘입어 나라를 되찾을 수 있어 그 은덕이 자손들에게까지 흐르고 있으니 가을 터럭만 한 것도 모두 제(帝)의 힘 때문이오. 바라건대 그대들은 두 번 다시 그런 말을 입 밖에 내지 마시오."

관고 등 10여 명은 서로 이렇게 말했다.

"우리들이 잘못한 것이오. 우리 왕께서는 그릇이 큰 분[長者]이라 은덕을 배반하지 않소. (하지만) 장차 우리들은 의리상 우리 왕이 모욕당하는 것을 그대로 둘 수가 없소. 지금 황제가 우리 왕을 모욕하여 그 때문에 우리가 그를 죽이려는 것이니 그것이 어찌 우리 왕을 더럽히는 것이겠소? 일이 이루어지면 공은 모두 왕께 돌리고 일이 실패하면 오직 우리가 책임질 뿐이오."

이듬해 고조 유방은 동원(東垣)에서 한왕 한신(韓信)과 진여(陳餘)의 무리를 치고 돌아오는 길에 조나라를 지나갔다. 관고 등이 이때 백인현(柏人縣)에서 벽 사이에 사람을 숨겨두고 뒷간에서 상(上-고조 유방)이 오기를 기다리고 있었다. 상이 그곳을 지나다가 묵고 가려고 했는데 마음이 동요되어 물었다.

"이 현의 이름이 무엇인가?"

"백인(柏人)입니다."

"백인이면 다른 사람에게 협박을 당한다[迫]는 뜻이도다!"

유방은 묵지 않고 떠났다.

1년 후에 관고에게 원한을 품고 있던 사람이 그 음모를 알고서 이를 고발했다. 이에 유방은 조왕과 여러 반란자들을 붙잡았다. 조오 등 10여 명은 모두 다투어 스스로 목을 찔렀는데 관고만이 홀로 화를 내며 꾸짖어 말했다.

"누가 공들에게 이렇게 하라고 했는가? 지금 왕께서는 진실로 아무런 모의도 하지 않았는데 함께 붙잡혔소. 공들이 죽어버리면 누가 마땅히 왕은 반란을 하지 않았다는 것을 밝힐 것이오?"

마침내 죄인을 싣는 수레에 실려 조왕과 함께 장안에 도착했다. 관고는 옥리에게 말했다.

"오직 우리들끼리 한 것이지 왕은 알지 못하오."

옥리가 몽둥이로 수천 대를 치고 쇠로 살을 찔러 몸이 성한 데가 없었는데 끝내 다른 말을 하지 않았다. 정위(廷尉)가 관고를 조사한 결과를 보고하자 유방은 이렇게 말했다.

"장사(壯士)로구나! 누가 그를 아는 자가 없는가? 사사로운 것을 갖고서 물어보게 하라."

중대부 설공(泄公)이 말했다.

"신이 평소 그를 알고 있습니다. 이 사람은 진실로 조나라에서 명예와 의로움을 중히 여기고 남에게 침범을 당하지 않으며 한번 하겠다고 한 것을 반드시 지키는 사람입니다."

유방은 설공으로 하여금 부절을 가지고 대로 만든 가마를 타고 가서 관고를 만나보게 했다. 관고가 설공을 올려다보자 설공은 고생하는 것을 위로하며 평소처럼 친근하게 대했다. 함께 이야기를 나누다가 장왕(張王-조왕 장오)이 결단코 모의에 참여하지 않았는지를 물었다. 관고가 말했다.

"사람이라면 어찌 각자가 자신의 부모와 처자식을 아끼지 않겠소? 지금 나는 삼족이 다 죽게 된 죄를 선고받았는데 어찌 왕과 내 가족을 바꿀 수 있겠소? 생각건대 왕은 진실로 모반하지 않았고 오직 우리들이 그것을 한 것이오."

이 일을 일으키게 된 이유와 원인 그리고 조왕은 이 사정을 알지 못한다는 것을 갖추어 말했다. 이에 설공은 유방에게 그대로 보고했고 유방은 마침내 조왕을 풀어주었다.

상은 관고가 능히 스스로 한번 하겠다고 한 것을 반드시 지키는 사람이라는 점을 뛰어나게 여겨 설공으로 하여금 그를 용서해 주도록 하니 가서 말했다.

"장왕은 이미 풀려났고 상께서는 족하를 아름답게 여겨 풀어주라고 하셨소."

관고가 말했다.

"내가 죽지 않았던 까닭은 장왕께서 모반하지 않았다는 것을 알리기 위함일 뿐이었소. 이제 왕께서 이미 풀려나셨으니 나의 책임은 다했소. 그리고 남의 신하 된 자로서 찬탈하고 시해하려 했다는 이름을 가지고 어찌 얼굴을 들고서 다시 상을 섬길 수 있겠소이까!"

그러고는 고개를 들고 목을 끊어 죽었다.

뛰어난 이를 알아본 유방, 그들을 쓰다

이에 유방은 조왕의 살아남은 여러 빈객들이 뛰어나다고 여겨 모두 제후의 재상이나 군수 등으로 삼았다. 이것이 바로 그릇에 맞게 부리는 것[器之]이다. 반고의 『한서』 '전숙전(田叔傳)'이다.
기지

효문제(孝文帝)는 즉위한 초기에 전숙을 불러 물었다.

"공은 천하에 훌륭한 이[長者]들을 알고 있는가?"
장자

전숙이 대답했다.

"신이 어찌 그런 자들을 제대로 알겠습니까?"

상(上-효문제)이 말했다.

"공은 훌륭한 사람이니 마땅히 알 것이다."

전숙이 머리를 조아리며 말했다.

"예전에 운중(雲中) 군수를 지낸 맹서(孟舒)가 훌륭한 사람입니다."

이 무렵 오랑캐가 운중군을 대거 침입한 일로 말미암아 맹서는 면직당한 상태였다. 상이 말했다.

"선제(先帝)께서 맹서를 운중 군수로 두신 지가 10여 년이나 되었는데 오랑캐가 일거에 침입했을 때에 맹서는 굳게 지키지 못했고 이유도 없이 사졸들만 수백 명이나 전사했다. 훌륭한 이가 어찌 본래 사람을 죽게 만든다는 것인가?"

전숙은 머리를 조아리며 말했다.

"저 관고 등이 모반했을 때 천자께서는 밝은 조서를 내리시어 조나라에서 감히 조왕을 따르는 자들은 삼족을 멸하겠다고 하셨습니다. 그런데 맹서는 스스로 삭발을 하고 목에 쇠칼을 차고 조왕 장오가 가는 곳마다 따랐고 그를 위해서라면 자신의 한 목숨을 돌보지 않았는데 어찌 그 자신이 운중 군수가 될지 알았겠습니까?

(또 당시에는) 한나라가 초나라와 서로 대치하고 있어 사졸들은 몹시 지치고 힘들어했습니다. 흉노의 묵돌(冒頓)이 새롭게 흉노의 북쪽에 있는 오랑캐의 무리를 복속시키고 우리의 변경을 침략해 해악을 끼쳤습니다. 맹서는 장졸들이 매우 지치고 힘들어한다는 것을 알고서 차마 그들에게 싸우라는 명을 내지 못했는데 사졸들이 다투어 성을 지키며 적과 죽기로 싸워 마치 아들이 아버지를 위하려는 것과 같았습니다. 이 때문에 전사한 병졸이 수백 명이나 속출했던 것이지 맹서가 어찌 고의로 그들을 (사지로) 내몰았겠습니까? 이것이 바로 맹서가 훌륭한 이라고 생각하는 까닭입니다."

이에 상이 말했다.

"뛰어났구나! 맹서는."

다시 (맹서를) 불러 운중 군수로 삼았다.

몇 년 후에 전숙이 법에 걸려들어 관직을 잃었다. 양효왕(梁孝王-경제의 동생인 유무(劉武))이 사람을 보내 한나라의 의신(議臣) 원앙(袁盎)을 살해하자 경제(景帝)는 전숙을 불러 양(梁)나라로 가서 그 사건을 조사하게 하였다. 전숙이 그 사건을 샅샅이 조사해서 돌아와 보고하자 상(경제)이 말했다.

"양나라에 그런 일이 있었던가?"

전숙이 대답했다.

"그런 일이 있었습니다."

"그 일의 실상은 어떤 것인가?"

전숙이 말했다.

"상께서는 양나라의 일에 관해 묻지 마시길 바랍니다. 지금 양왕을 법대로 사형에 처하지 못하면 한나라의 법이 폐기되는 것입니다. 그렇다고 만약 그를 사형에 처하게 되면 태후(太后-문제의 황후이자 경제와 양왕의 친모)께서는 식사를 하셔도 맛을 못 느끼실 것이고, 잠자리에 들어도 편히 주무시지 못하실 것입니다. 이렇다면 폐하께도 큰 근심이 될 것입니다."

상은 그를 매우 뛰어나다고 여겨 노나라 재상으로 삼았다.

전숙이 노나라의 재상이 되어 부임한 초기에 백성들 중에서 노나라 왕이 자신들의 재물을 빼앗아갔다고 호소한 사람이 100여 명이었다. 전숙은 그들 중에 주동자 20여 명을 붙잡아 각기 태형(笞刑)을 시행하고서 그들에게 화를 내며 말했다.

"왕은 그대들의 군주가 아니던가? 어찌해서 감히 자신들의 군주를 헐뜯을 수 있단 말인가!"

왕은 이 소식을 듣고서 크게 부끄러워하며 재물 창고에서 돈을 꺼내어 재상으로 하여금 그들에게 돌려주도록 했다. 재상이 말했다.

"왕께서 스스로 재물을 탈취하시고 저에게 그것을 상환하도록 하면 이는 군왕께서는 악행을 저지르시고, 저는 선행을 베푼 것이 됩니다."

이에 노나라 왕은 직접 백성들에게 재물을 돌려주었다. 노나라 왕은 사냥을 좋아해 재상은 늘 왕을 시종하여 사냥터에 갔는데 왕은 그때마다 재상에게 관사(館舍)에 가서 쉬라고 했다. (그러나) 재상은 사냥터에 나와 햇볕이 내리쬐는 곳에 앉아서 왕을 기다리며 하루 종일 쉬지도 않고서 이렇게 말했다.

"우리 왕께서 햇볕이 내리쬐는 곳에 계시는데 나 홀로 어찌 관사 안에 가서 쉴 수 있겠는가!"

왕은 이 때문에 자주 사냥을 하는 것을 삼가게 되었다.

몇 년 후 전숙은 재임 중에 사망했는데 노나라 왕은 100근의 황금을 내려주어 장례 비용에 쓰게 했다. 막내아들 전인(田仁)은 이를 받지 않으며 이렇게 말했다.

"의리상으로 선친의 명예를 손상시킬 수 없습니다."

아마도 특정 집단의 풍습과 습속 혹은 문화를 중요하게 여기는 것도 이런 이유 때문인지 모른다.

논어로 일의 이치를 풀다

초판 1쇄 2021년 4월 30일

지은이 | 이한우
펴낸이 | 송영석

주간 | 이혜진
기획편집 | 박신애 · 김혜영 · 심슬기
외서기획편집 | 정혜경 · 양한나 · 송하린
디자인 | 박윤정 · 기경란
마케팅 | 이종우 · 김유종 · 한승민
관리 | 송우석 · 황규성 · 전지연 · 채경민

펴낸곳 | (株)해냄출판사
등록번호 | 제10-229호
등록일자 | 1988년 5월 11일(설립일자 | 1983년 6월 24일)

04042 서울시 마포구 잔다리로 30 해냄빌딩 5 · 6층
대표전화 | 326-1600 **팩스** | 326-1624
홈페이지 | www.hainaim.com

ISBN 978-89-6574-354-5